Beiträge zur Lehre

vom

Staatsgesetz und Staatsvertrag.

Von

Dr. jur. Ernst Seligmann.

I.

Der Begriff des Gesetzes

im materiellen und formellen Sinne.

Berlin und Leipzig.
Verlag von J. Guttentag
(D. Collin.)
1886.

Der
Begriff des Gesetzes
im
materiellen und formellen Sinne.

Von

Dr. jur. Ernst Seligmann.

„Les lois sont la permanence des choses."
Thiers, De la propriété, I, chap. 2.

Berlin und Leipzig.
Verlag von J. Guttentag
(D. Collin.)
1886.

Wenn auch die Theorie vom materiellen und formellen Gesetze im Allgemeinen anerkannt ist, so bestehen doch über verschiedene Punkte derselben lebhafte Controversen. Die vorliegende Untersuchung wird daher nothwendiger Weise die Ansichten der Schriftsteller, welche die Frage berührt haben, einer eingehenden Prüfung unterziehen müssen. Es wird zu untersuchen sein, inwiefern die Aussprüche hervorragender Gelehrter in das Ganze des Systems passen; es wird geboten sein, bald Einzelheiten des Gemäldes weiter auszuführen, bald eine Färbung zu dämpfen oder aber stärker aufzutragen. Es läßt sich dabei naturgemäß nicht vermeiden, gegen Ansichten, die nicht annehmbar erscheinen, Kritik zu üben; für ein solches Beginnen ist es freilich eine Grundbedingung, die Grenzen der Sachlichkeit streng einzuhalten. Die Literatur einer wissenschaftlichen Frage ist nichts Anders als eine große Debatte, die sich längere Zeit hinziehen kann, und in der Jeder, welcher das Wort ergreift, verpflichtet ist, die bereits vorgetragenen wichtigeren Ansichten zu prüfen, und entweder zu billigen oder aber, unter Angabe der Gründe, auch dann zu verwerfen, wenn jene sogar von gewichtiger Seite aufgestellt oder verfochten worden sind. Ich spreche die Hoffnung aus, daß ich die Grenzen der Sachlichkeit, welche durch den

Charakter der Aufgabe gezogen sind, nicht überschritten habe. Wenigstens war ich stets geleitet von der Ueberzeugung, daß eine Verhandlung über dogmatische Fragen nur dann zur Klarheit fortzuschreiten vermag, wenn jeder Betheiligte sich strenge zur Sache hält. Schließlich erfülle ich eine angenehme Pflicht, indem ich Herrn Professor Dr. iur. S. Brie in Breslau, welcher mir zu der vorliegenden Untersuchung die Anregung und vielfache Förderung gegeben, meinen aufrichtigen Dank auch öffentlich ausspreche.

Der Verfasser.

Inhaltsübersicht.

I.

Einleitung.

Bevor die Verfassungen die Functionen des staatlichen Lebens neu organisirt hatten, zu Zeiten, als noch der Regent zugleich unumschränkter Gesetzgeber und Verwalter des Staates war, verstand man unter Gesetz: das Setzen, Festsetzen einer Rechtsregel[1]), die verbindliche Aussprache eines abstracten staatlichen Willens, welcher concrete Ereignisse, Handlungen und Unterlassungen zu juristischen Thatsachen machte. Seit nun die Verfassungen den Weg der Gesetzgebung veränderten und Landtage, Reichstage als neue Factoren einführten, nennt man allgemein Gesetz nicht allein die Anordnung einer Rechtsregel, sondern überhaupt jeden von den berufenen Organen ausgehenden, in der verfassungsmäßig vorgeschriebenen Weise erfolgenden staatlichen Ausspruch, welchen Inhalt er auch haben möge. Das Wort Gesetz bezeichnet nunmehr zwei Begriffe, einen materiellen, im Sinne von verbindlicher Anordnung einer Rechtsregel, und einen formellen, unter welchem man jede in einer bestimmten feierlichen Weise zu Stande gekommene staatliche Erklärung versteht. Laband

[1]) Laband, Budgetrecht, S. 3; s. dazu Arndt, Das Verordnungsrecht des Deutschen Reichs, S. 26 f. Vgl. unten S. 117 f. Gesetz im materiellen Sinne ist auch gleichbedeutend mit Rechtssatz. Vgl. unten S. 26.

sagt: „Gesetz [1]) im materiellen Sinne und Gesetz im formellen Sinne verhalten sich daher zu einander nicht wie Gattung und Art, wie ein weiterer und ein ihm untergeordneter engerer Begriff; sondern es sind zwei durchaus verschiedene Begriffe, von denen jeder durch ein anderes Merkmal bestimmt wird; der eine durch den Inhalt, der andere durch die Form einer Willenserklärung."

Aus dem von Laband Gesagten folgt, daß es Gesetze geben kann, welchen nur das eine der beiden genannten Merkmale von Inhalt und Form zukommt, welche daher rein materielle oder rein formelle Gesetze sind. Zu den ersteren gehören z. B. die auf Grund der Delegation erlassenen Regierungs- und Polizei-Verordnungen [2]).

Das formelle Gesetz kann einen andern Inhalt als den eines Rechtssatzes haben [3]); in zahlreichen Fällen ertheilt es den Befehl oder die Ermächtigung, eine Anleihe aufzunehmen, Kassenscheine auszugeben, eine Eisenbahn zu kaufen oder zu bauen, ein Grundstück oder ein Gebäude für eine

---

[1]) Laband, Das Staatsrecht des Deutschen Reiches Bd. II, S. 61. Ebenso derselbe, Zur Lehre vom Budgetrecht, Archiv für öffentliches Recht I, S. 186.

[2]) S. unten N. 3 S. 22 f.

[3]) Laband, St.-R. d. D. R. II, S. 62: „Gesetze, welche Rechtsregeln überhaupt nicht enthalten, können nicht diejenigen Wirkungen haben, welche dem Befehl, einen Rechtssatz zu befolgen, zukommen; sondern sie haben die ihrem Inhalt entsprechenden Wirkungen. Gesetze, welche Ermächtigungen ertheilen, haben die Wirkungen von Vollmachten; Gesetze, welche den Haushalt regeln, haben die Wirkungen von Wirthschaftsplänen, also von Verwaltungsvorschriften u. s. w." S. ferner Laband in Marquardsen's Handbuch II, 1, S. 83 f., 85. Vgl. dagegen v. Martitz in der Zeitschrift f. d. ges. St.W. Bd. 36, 1880, S. 219 ff., und die auf einem Mißverständnisse beruhenden Deductionen von Löning, Lehrbuch des Deutschen Verwaltungsrechts, S. 227 und N. 2; zutreffend hiergegen Seidler, Budget und Budgetrecht, S. 188 f. Anm. 1.

Behörde zu erwerben, einen Verurtheilten zu begnadigen; es kann einen Rechtsstreit entscheiden oder Einnahmen und Ausgaben des künftigen Jahres schätzen und im Budget feststellen, kurz jeden Act der verwaltenden Staatsthätigkeit vornehmen.

Die Auseinanderhaltung von Form und Inhalt bei dem Gesetz finden wir bereits seit langer Zeit in der Literatur.

Beispielsweise sagt P. A. Pfizer (Das Recht der Steuerverwilligung u. s. w. 1836, S. 20 ff.): „Denn wie in keiner Verfassung die Trennung der Gesetzgebung von der Verwaltung sich vollständig durchführen läßt, wie durch besondere positive Bestimmung oder durch Uebereinkunft Manches der Verwaltung überlassen werden kann und überlassen werden muß, was an sich in die Sphäre der Gesetzgebung fällt . . ., so wird in allen Repräsentativstaaten durch besondere Verfassungsbestimmung oder freiwillige Vereinigung von Regierung und Ständen auch Manches in den Bereich der Gesetzgebung gezogen, was seiner Natur nach der Verwaltung angehört, (z. B. die Veräußerung von Domänen, die Aufnahme eines Darlehns, die Prüfung und Richtigstellung der Staatsrechnungen . . .). So bildet sich neben dem, nach einem innern Unterscheidungsmerkmal festgestellten Begriff von Gesetzgebung, nach einem bloß äußerlichen Kennzeichen noch ein anderer, demzufolge jede von den Gesammtfactoren der Gesetzgebung ausgegangene Anordnung, auch wenn es keine, die sämmtlichen Staatsbürger oder wenigstens ganze Klassen von Personen, Sachen oder Fällen umfassende Vorschrift . . ., sondern nur eine einzelne, auf dem Gebiete der Verwaltung sich bewegende Regierungsmaßregel ohne den Charakter der Allgemeinheit ist, den Namen eines Gesetzes erhält. In diesem Sinne ist denn auch das ganze Budget ein Gesetz."

In ähnlicher Weise äußert sich v. Mohl in dem Staatsrecht des Königreiches Württemberg, 2. Aufl. 1840, Bd. I,

S. 67 f.: „Der wesentliche und nothwendige Gegenstand der Gesetze sind alle diejenigen Befehle der Staatsgewalt, welche die Rechte der Bürger .... betreffen .... Außerdem aber steht es bei König und Ständen, auch noch jeden andern beliebigen Gegenstand, welcher an und für sich schon durch einseitige Regierungs-Verfügung hätte gültig angeordnet werden können, durch ein Gesetz um so fester und unverbrüchlicher zu bestimmen. Zwar ist es hier nur die Form, nicht auch der Inhalt[1]), welche die Gesetzeskraft bestimmt; allein auch diese reicht schon zu allen rechtlichen äußeren Wirkungen hin."

Ferner erklärt Günther[2]) in Weiske's Rechtslexikon Bd. IV, 1843, S. 695: „Indessen giebt man den Namen eines Gesetzes nicht selten allen und jeden durch die verfassungsmäßigen Organe gegebenen Erklärungen des Staates." „So heißt es ein Gesetz, wenn die Regierung beschließt und öffentlich erklärt, daß sie Papiergeld ausgeben, den Münzfuß verändern, dieses oder jenes Institut im Lande begründen wolle u. s. w." „Im engeren und eigentlicheren[3]) Sinne aber

---

[1]) In Betreff von Form und Inhalt des Gesetzes vgl. die Bemerkungen von C. G. Wächter, Handbuch des Württemb. Privatrechts Bd. II, 1842, S. 11 f.

[2]) Vgl. auch Günther, Betrachtungen über das Gesetz im Staate, 1842 (Abdruck des Artikels „Gesetz" aus J. Weiske's Rechtslexikon). Aehnlich C. W. E. Heimbach, Art. Gesetz in Ersch und Gruber, Allgemeine Encyclopädie der Wissenschaften und Künste, 1. Section, 64. Th. 1857, S. 11.

[3]) Ebenso wie Günther unterscheiden auch zahlreiche andere Schriftsteller zwischen „eigentlichen" und sonstigen Gesetzen. So sagt Puchta, Pandekten, §. 14: „Die Ausflüsse der Gesetzgebung sind theils Rechtssätze, also Regeln ..., leges generales, theils Bestimmungen für einzelne Personen und Fälle, über die ihre Anwendung nicht hinausgeht, personales constitutiones. Bloß die ersteren sind eigentliche Gesetze." Vgl. ferner Göschen, Vorlesungen über das gemeine Civilrecht I, §. 17; ferner

heißt im Staate Gesetz derjenige Ausdruck des Gesammtwillens, welcher bestimmt ist, den Staatsgenossen bei ihren Handlungen als Richtschnur zu dienen."

Viel klarer und bestimmter sind die folgenden Ausführungen v. Keller's[1]): „Das Gesetz muß seinem Wesen nach eine Regel enthalten, etwas Gemeinsames. Die Norm für ein bloß concretes Rechtsverhältniß ist kein Gesetz." „Dieser Punkt ist besonders da zu beachten, wo die Abfassung der Gesetze auf parlamentarischem Wege geschieht .... Da bildet sich für die Operation der Gesetzgebung eine complicirte und scharf ausgeprägte Form. Diese Form aber pflegt übertragen zu werden auf andere Acte, welche materiell gar nicht gesetzgeberischer Natur sind, wie z. B. Staatshaushalts-Etat, Abolition einzelner Strafprocesse, Ehescheidungen und dergleichen. Wie nun Viele überhaupt mehr die äußere Form, als das innere Wesen beachten, so nennt man oft abusive Alles Gesetz, was auf dem Wege der Gesetzgebung zu Stande kommt; dessen ungeachtet entbehren jene Acte durchaus der Gesetzesnatur."

Die Auseinanderhaltung von Form und Inhalt bei dem Gesetz findet sich sodann wieder in dem Gutachten der Juristen-Facultät zu Göttingen über die Preußische Preßverordnung vom 1. Juni 1863; es heißt darin[2]): „Anderer-

---

Fricker, Die Natur der Steuerverwilligung und des Finanzgesetzes, (Tübinger) Zeitschrift f. d. ges. Staatswissenschaft Bd. 17, 1861, S. 671 u. A. m.

[1]) v. Keller, Pandekten, 1. Auflage 1861, herausgegeben von Friedberg, §. 2, S. 4; 2. Aufl. 1866, herausgegeben von Lewis, Bd. I, §. 2, S. 5.

[2]) Vgl. Zwei Rechtsgutachten der Juristen-Facultäten auf der Christian-Albrechts-Universität zu Kiel und auf der Königlich-Hannoverschen Georg-August-Universität zu Göttingen über die Preußische Preßverordnung vom 1. Juni 1863. Berlin 1863, S. 25, 26.

seits ist freilich keineswegs zu behaupten, daß überall, wo sich die Verfassungs-Urkunde des Ausdrucks Gesetz bedient, darunter immer nur eine, in der im Art. 62 bestimmten Weise zur constitutionellen Existenz gediehene, allgemeine Rechtsvorschrift zu verstehen sei. In einer großen Anzahl von Artikeln will sie damit weiter nichts, als das im Preußischen Staate bestehende oder später zur Existenz kommende positive Recht, ohne Rücksicht auf die Art seiner Entstehung bezeichnen." „Wo dagegen die Verfassungs-Urkunde, wie dies in einer eben so großen Anzahl von Artikeln der Fall ist, von zukünftigen legislativen Acten spricht, wo sie bestimmt, es solle über einen gewissen Gegenstand ein „Gesetz" oder ein „besonderes Gesetz" ergehen, es solle Etwas „im Wege der Gesetzgebung" oder „durch die Gesetzgebung" geordnet, geregelt, festgestellt oder näher bestimmt werden, ... da hat sie ganz unleugbar ein Gesetz in dem von ihr selbst festgestellten Sinne im Gegensatz zur Königlichen Verordnung im Auge."

In erster Linie war es das Budget, welches zu Betrachtungen über die Verschiedenheit des Inhalts der Gesetze Anlaß gab.

Auf den rein formell-gesetzlichen Charakter des Etats hatte P. A. Pfizer[1]) bereits im Jahre 1836 hingewiesen. Seine Theorie wurde von Fricker[2]) weiter ausgeführt, welcher im Jahre 1861 erklärte: „Es giebt einen nothwen-

---

[1]) S. Pfizer a. a. O. S. 17 ff. Vgl. oben S. 3.

[2]) Fricker, Die Natur der Steuerverwilligung und des Finanzgesetzes, Zeitschrift f. d. ges. Staatswissenschaft Bd. 17, 1861, S. 674. Der im Text citirte erste Satz Fricker's ist insofern nicht genau, als letzterer unter nothwendigem Gesetzesinhalt Rechtssätze versteht (s. a. a. O.), diese aber auch vermöge Delegation in der Form der Verordnung festgestellt werden können.

digen Inhalt der Gesetze, der nur in der Form des Gesetzes zur rechtlichen Geltung gelangen kann, und einen facultativen Inhalt, der dieser Form an und für sich nicht bedarf." „Der Begriff Etat ist überhaupt kein rechtlicher, sondern ein wirthschaftlicher Begriff."[1]) „Fassen wir hiernach die Bedeutung des Etats zusammen, so ist derselbe vor Allem ein Verwaltungs-Act .... Von der eigentlichen Gesetzesnatur bleibt er aber so weit verschieden, als eben ein selbstgeschaffener Plan verschieden ist von der anzuerkennenden Vorschrift eines Dritten."[2])

Von Fricker's Abhandlung an gestaltet sich der Begriff des Budgets immer klarer, und es ist, wie G. Meyer hervorgehoben hat[3]), ein wesentliches Verdienst von Gneist[4]), zuerst ganz bestimmt die Frage über das Verhältniß des Etats zu den allgemeinen Gesetzen gestellt zu haben.

G. Meyer selbst hat bereits im Jahre 1868 über das Budget gesagt[5]): „Der Bundeshaushalts-Etat erscheint demnach

---

[1]) l. c. S. 640.

[2]) a. a. O. S. 643. — Aehnlich äußerte sich der Abgeordnete Dr. Friedenthal in der Sitzung des verfassungsberathenden Reichstags des Norddeutschen Bundes vom 9. April 1867 (Stenographische Berichte, S. 648): „Ich meinerseits halte die Feststellung des Budgets nicht für einen Act der Gesetzgebung, sondern für einen Act der Verwaltung, und die Theilnahme der Landesvertretung an der Feststellung des Budgets für einen Act der Selbstverwaltung, für einen Act der entscheidenden Theilnahme an der Staatsverwaltung in der höchsten Sphäre." Vgl. Laband, Budgetrecht, S. 14 Anm. 6.

[3]) G. Meyer, Der Begriff des Gesetzes und die rechtliche Natur des Staatshaushalts-Etats, in Grünhut's Zeitschrift für das Privat- und öffentliche Recht Bd. VIII, 1881, S. 6.

[4]) Gneist, Budget und Gesetz, 1867; ferner derselbe, Gesetz und Budget, 1879. Vgl. namentlich in ersterer Schrift die lehrreichen Citate und Ausführungen über tacked bills.

[5]) G. Meyer, Grundzüge des Norddeutschen Bundesrechtes, 1868,

in den Formen eines Gesetzes; ein wirkliches Gesetz ist er weder, noch wird er es durch den Wortlaut der Bundesverfassung."

Dieselbe Auffassung vertrat sodann im Jahre 1871 Bluntschli[1]); er erklärte, daß der Etat nur der Form nach ein Gesetz sei, daß ihm der Gesetzesinhalt dagegen fehle. In demselben Jahre erschien auch Laband's grundlegende Schrift über das Budgetrecht[2]).

S. 153. Derselben Auffassung war v. Martitz in seinen Betrachtungen über die Verfassung des Norddeutschen Bundes, 1868, S. 100 ff., 101, 104, 106, 112 Anm. 89; da er seine Ansicht geändert hat, kommen wir darauf bei Gelegenheit der Besprechung seiner späteren Ansicht zurück. S. unten N. 2 S. 14 f.

[1]) In Bluntschli's Staatswörterbuch in 3 Bänden, herausgegeben von Löning, Bd. II, 1871, Art. Gesetz, S. 47 f.: „Im strengen Sinne nennen wir nur die rechtsverbindlichen allgemeinen Normen, welche von dem Gesetzgeber kraft seiner alleinigen Autorität erlassen werden, Gesetz. Der gewöhnliche Inhalt eines Gesetzes ist daher entweder eine Rechtsregel oder eine Rechtsinstitution. Indessen wird der Ausdruck in den modernen Verfassungen zuweilen auf solche bestimmte Verwaltungsarten ausgedehnt, welche man der einseitigen Competenz der Verwaltungsbehörde entziehen und der Zustimmung der Volksvertretung unterwerfen will. Das gilt insbesondere von Finanzgesetzen, deren Inhalt nicht immer eine Rechtsnorm ist, sondern nur z. B. eine Ermächtigung zu bestimmten Ausgaben für die Verwaltung im Budget, oder zu einem Darlehnsvertrage, oder zur Veräußerung von Domänen. In diesen Fällen ist die Gesetzesform eine Garantie für einen Staatshaushalt, welcher den Interessen der Regierten gemäß verwaltet wird, und man nennt das um jener Form willen Gesetz, obwohl es an dem Gesetzesinhalt fehlt." Vgl. auch Bd. III, Art. Verordnung, S. 859. S. ferner Bluntschli, Lehre vom modernen Staat Bd. II, Allgemeines Staatsrecht, 5. Aufl. S. 115, 116, 6. Aufl., durchgesehen von E. Löning, S. 116, 117. Vgl. dagegen Bluntschli in M. Block, Dictionnaire général de la politique, nouvelle édition, II, 1874, art. "loi", S. 220.

[2]) S. unten S. 10.

Was die terminologische Bezeichnung des Gesetzes als materielles und formelles angeht, so sei erwähnt, daß sie v. Stockmar[1]) in das Staatsrecht eingeführt hat (1867). Er sagt[2]): „Das „Gesetz" kann eine materielle oder formelle Bedeutung haben. Materiell gefaßt heißt „jedes Gesetz" jede Norm von einer gewissen inneren Beschaffenheit ...." Ferner[3]): „Indem nämlich die Verfassung Art. 62 verordnet, daß zu jedem Gesetz (im materiellen Sinne), d. h. zur Feststellung jeder allgemeinen Rechtsnorm, Zustimmung der Kammern erforderlich sei, also für das Zustandekommen des Gesetzes im materiellen Sinne eine bestimmte Form vorschreibt, erwächst ein neuer formeller Begriff des Gesetzes." „Die Verfassung[4]) verlangt ein Gesetz zur Veränderung der Staatsgrenzen, Art. 2, zur Aufnahme von Anleihen und Uebernahme von Garantien, Art. 103, zur Feststellung des Staatshaushalts-Etats, Art. 99."

Derselben Auffassung und Benennung begegnen wir sodann wieder in Grotefend, Das Deutsche Staatsrecht der Gegenwart (1869), in folgenden Aeußerungen: „Der Wille des Staates, welcher als allgemeine Rechtsnorm gelten und das Leben im Staate und die Freiheit der Menschen in demselben beherrschen will, ist das Gesetz."[5]) „Der Proceß der

---

[1]) Zeitschrift für deutsches Staatsrecht ꝛc. (einziger Band), 1867, Studien über das preußische Staatsrecht von E. A. Chr. (v. Stockmar), II. Gesetz und Verordnung, S. 201 und 208 ff. — Erwähnt sei übrigens, daß bereits Gerstner (Grundlehren der Staatsverwaltung I, 1862) eine „materielle" und eine „formelle" Bedeutung von Gesetz unterscheidet (a. a. O. S. 144 f.), seine Ausführungen sind aber so unklar, daß sie nicht weiter in Betracht kommen können.

[2]) S. 201, l. c.

[3]) S. 208, l. c.

[4]) S. 209, l. c.

[5]) a. a. O. S. 531.

Entstehung des normirenden Staatswillens heißt die Gesetzgebung. Das deutsche Staatsrecht hat für Beides, für die einzelnen Stadien dieses Processes wie für die Feststellung und Verkündigung des Ergebnisses desselben, bestimmte Formen vorgeschrieben, so daß deren Beobachtung die Existenz eines Gesetzes bedingt, dieses aber auch an seiner äußeren Gestalt zu erkennen ist. Dadurch tritt zu jenem materiellen Charakter der Gesetze noch ein formeller hinzu, und es ist möglich, daß sich die Begriffe des materiellen und des formellen Gesetzes in concreto nicht decken. Es ist denkbar, daß die Gesetzgebung selbst auf jene ihre materiell begründete Competenz in einzelnen Fällen oder für eine gewisse Zeit verzichtet, wie auch, daß die Gesetzgebung ihre Zuständigkeit auf Gegenstände ausdehnt, welche nicht schon auf Grund jener principiellen Ausscheidung ihr unterworfen sein würden. So kann es Gesetze geben, welche dies nur formell oder nur materiell sind." [1])

Die Stimmen, welche sich für die in Rede stehende Unterscheidung aussprachen, blieben jedoch vereinzelt, bis Laband im Jahre 1871 in seinem Budgetrecht [2]) jener Theorie einen mächtigen Anstoß gab. In der That gebührt

---

[1]) a. a. O. S. 532. Vgl. a. a. O. S. 540, wo auch zwischen Verordnung im materiellen und formellen Sinne unterschieden wird.

[2]) Laband, Das Budgetrecht nach den Bestimmungen der Preußischen Verfassungs-Urkunde unter Berücksichtigung der Verfassung des Norddeutschen Bundes, 1871 erschienen als Separat-Abdruck aus der Zeitschrift für Gesetzgebung und Rechtspflege in Preußen Bd. IV, 1870. Ferner Laband, Das Finanzrecht des Deutschen Reiches, Hirth's Annalen, 1873, S. 524 ff.; ferner Laband, Das Staatsrecht des Deutschen Reiches II, 1878, S. 1 ff., 59 ff., III, 2, 1882, S. 339 ff.; derselbe in Marquardsen's Handbuch des öffentlichen Rechts II, 1, 1883, S. 70 ff., 79 ff., 204 ff.; endlich derselbe, Zur Lehre vom Budgetrecht, Archiv für öffentliches Recht I, S. 172 ff.

Laband das Verdienst, daß er zuerst ausführlicher und in der ihm eigenen scharf formulirenden Weise jene Begriffe klargestellt und somit für die Wissenschaft erworben hat. Seitdem ist diese Unterscheidung und Bezeichnung als eine berechtigte und nothwendige fast allgemein anerkannt worden[1]).

---

[1]) Schulze, Das Finanzrecht der Reichs- und Landtage ꝛc. in Grünhut's Zeitschrift für das Privat- und öffentliche Recht Bd. II. 1875, S. 189 ff.; derselbe, Preuß. Staatsrecht II, S. 205 ff.; derselbe, Lehrbuch des Deutschen Staatsrechts I, 519 f., II. 115 Anm. 1, S. 120. S. jedoch unter Note 3 S. 22 f.

E. Meier in v. Holtzendorff's Encyclopädie I, 3. Aufl. S. 882, 4. Aufl. S. 1084.

G. Meyer, Lehrbuch des Deutschen Staatsrechts, 1. Aufl. S. 401, 2. Aufl. S. 453; derselbe, Lehrbuch des Deutschen Verwaltungsrechts I, S. 4; derselbe, Der Begriff des Gesetzes und die rechtliche Natur des Staatshaushalts-Etats, in Grünhut's Zeitschrift Bd. VIII, S. 1 ff.; derselbe, Besprechung von Laband's St R. Bd. II, in Hirth's Annalen, 1878, S. 369 f.

Gneist, Gesetz und Budget, S. 162 ff., 166.

v. Rönne, Das Staatsrecht der Preuß. Monarchie, 4. Aufl. I, S. 347 f. — Vgl. jedoch hinsichtlich des Budgets v. Rönne, l. c. S. 602, 633 u. Anm. 2; ferner v. Rönne, Staatsrecht des Deutschen Reiches, 2. Aufl. II, 1, S. 170 Anm. 3.

v. Gerber, Grundzüge des Deutschen Staatsrechts, 3. Aufl. S. 147 u. Anm. 3.

Bergbohm, Staatsverträge und Gesetze als Quellen des Völkerrechts, S. 52, 53 f.

H. A. Zachariä in Götting. Gelehrt. Anzeigen, 1871. Stück 10, S. 361 ff.

Gierke in Grünhut's Zeitschrift Bd. VI, S. 228; derselbe in Schmoller's Jahrbuch, N. F. VII. Jahrg. S. 1109.

Seydel in Holtzendorff-Brentano's Jahrbuch, N. F. II, S. 423 f.; ferner Krit. Viert.J.S., N. F. Bd. VII, S. 397. (Besprech. v. Zorn's St.R.).

Pröbst in Hirth's Annalen, 1882, S. 287 f.

Hensel, Die Stellung des Reichskanzlers nach dem Staatsrechte des Deutschen Reichs, in Hirth's Annalen, 1882, S. 25 f.

Gareis, Allgemeines Staatsrecht, in Marquardsen's Handbuch des Oeffentlichen Rechts I, 1, S. 76 ff.

Gegen die hier zur Erörterung stehende Lehre haben verhältnißmäßig nur Wenige Widerspruch erhoben; von Gegnern sind zu nennen: v. Martitz [1]), Zorn [2]), Bierling [3]),

---

Ulbrich, Lehrbuch des Oesterreichischen Staatsrechts, S. 379 ff.

Stobbe, Handbuch des Deutschen Privatrechts I, 2. Aufl. S. 124.

Rosin, Das Polizeiverordnungsrecht in Preußen, S. 4 und Anm. 14, sowie S. 38.

v. Starzyński, Beitrag zur Lehre von Gesetz und Verordnung, in der Oesterreichischen Zeitschrift für Verwaltung, XV. Jahrg. S. 221 ff.

Sturm, Recht und Rechtsquellen, S. 169.

Hanke, Besprechung von Ulbrich's Lehrbuch des Oesterr. Staatsrechts, in Krit. V.J.S., N. F. Bd. VII, S. 361.

H. Göppert, Das Princip: „Gesetze haben keine rückwirkende Kraft", herausgeg. von E. Eck, Jahrb. f. d. Dogmatik, 1884, S. 76 ff. 144, 147 f.

Brinz, Lehrbuch der Pandekten I, 3. Aufl., S. 107 Anm. 1; unzutreffend ist die a. a. O. ausgesprochene Ansicht, daß die Unterscheidung von materiellem und formellem Gesetze mit der von lex generalis und specialis zusammenfalle; es wird dagegen weiter unten dargethan werden, daß Gesetze, welche abstracte Verwaltungsbefehle enthalten oder in Kraft befindliche Rechtssätze wiederholen, rein formelle sind.

Eisele, Unverbindlicher Gesetzesinhalt, Prorectorats-Programm der Universität Freiburg, 1885, S. 4 f. und im Archiv f. civ. Pr. Bd. 69, S. 277.

v. Stengel, Lehrbuch des Deutschen Verwaltungsrechts, S. 7, 25.

S. auch L. Aucoc, Conférences sur l'administration et le droit administratif I, 3. édition, 1885, chap. II, No. 26, S. 66.

[1]) v. Martitz, Ueber den constitutionellen Begriff des Gesetzes nach deutschem Staatsrecht, in der Zeitschrift f. d. ges. Staatswissensch. Bd. 36, 1880, S. 207 ff. (auch als Separatabdruck erschienen).

[2]) Zorn, Das Staatsrecht des Deutschen Reiches Bd. I, S. 108, II, 329 ff., 333 ff.; derselbe, Die Deutschen Staatsverträge, in der Zeitschrift f. d. ges. Staatswissenschaft Bd. 36, S. 11 f. N. 3; derselbe, Zu den Streitfragen über Gesetz und Verordnung nach deutschem Reichsstaatsrecht, in Hirth's Annalen, 1885, S. 301 ff.; derselbe in Grünhut's Zeitschrift Bd. X, S. 735 ff.

[3]) Bierling, Zur Kritik der juristischen Grundbegriffe II, S. 232 ff. (Noten). Bierling behält sich vor, in dem dritten Buche seines cit. Buches eine Begriffsbestimmung von Gesetz zu geben.

Löning[1]) und Seidler[2]). Die Ausführungen von fast allen diesen Schriftstellern kommen darauf hinaus, daß als Kriterium des Gesetzes nicht dessen Inhalt, sondern nur die Form[3]), bez. deren Wirkung, die formelle Gesetzeskraft, zu betrachten sei.

Unter den Genannten haben allein v. Martitz und Seidler ihren Widerspruch ausführlicher zu begründen unternommen; es ist daher auch nur in Betreff dieser eine Besprechung und Widerlegung thunlich.

Was zunächst v. Martitz angeht, so fragt es sich: leugnet er begrifflich die Unterscheidung von materiellem und formellem Gesetze, oder behauptet er nur, daß es faktisch kein rein formelles Gesetz, d. h. ein solches, welches nicht gleichzeitig auch ein materielles ist, giebt?

Er sagt S. 230: „Läßt eine Gesetzesform sich denken ohne Gesetzesinhalt? Eine wunderliche Frage. Läßt ein

---

[1]) Löning, Lehrbuch des Deutschen Verwaltungsrechts, S. 227 Anm. 2. Vgl. dazu Seidler, Budget und Budgetrecht, S. 188 f. Anm. 1.

[2]) Seidler, Budget und Budgetrecht im Staatshaushalte der constitutionellen Monarchie mit besonderer Rücksichtnahme auf das österreichische und deutsche Verfassungsrecht, 1885, S. 184 ff.

Zu den Gegnern gehört wohl auch Böhlau, Mecklenburg. Landrecht Bd. I, 1871, §. 45, S. 283 f. und namentlich Excurs S. 284 f.; nach Böhlau ist Gesetz (S. 283): die „directe Aeußerung des directen Staatswillens“ (?); er giebt zu, daß „zwischen Gesetzen, welche abstracte Normen sind, und Gesetzen, welche dies nicht sind, ein erheblicher Unterschied besteht“ (S. 284), hält jedoch auch letztere für materielle Gesetze und unterscheidet zwischen abstracten und concreten Gesetzen (S. 285). — Gegen die Lehre vom rein formellen Gesetze erklären sich auch andeutungsweise: Jellinek (in seiner Besprechung von Zorn's St. R. in Grünhut's Zeitschrift Bd. XI, S. 460) und Hänel (in der Anzeige von G. Meyer's St. R. in Jenaer Lit.-Z. 1879, S. 271).

[3]) Vgl. Zorn, St. R. II, S. 332 N. 13. — S. unten die folgende Note.

Testament sich denken ohne Erbeseinsetzung?", ferner S. 250: „Das Gesetz ist, was auch sein Inhalt sein möge, unter allen Umständen objectives Recht, ist eine Rechtsregel. Gesetze, die keinen Rechtssatz enthielten, die nur in formellem Sinne, nur scheinbar Gesetze wären, giebt es nicht."[1])

Wenn man auch aus den letzten Worten „giebt es nicht" schließen müßte, daß v. Martitz nur das Vorhandensein auch nur eines rein formellen Gesetzes bestreitet, so muß man aus dem Satze „Läßt eine Gesetzesform sich denken ohne Gesetzesinhalt?" folgern, daß er das Gesetz im rein formellen Sinn auch begrifflich leugnet[2]).

---

[1]) Aehnlich Zorn, St. R. I, S. 108: „Insbesondere kann die Unterscheidung zwischen einem materiellen und einem formellen Sinn der Gesetze und Verordnungen, je nachdem es sich um „Rechtsvorschriften" handle oder nicht, nicht als innerlich begründet anerkannt werden, denn Gesetz wie Verordnung sind nur Formen für die Rechtsbildung: um eine Rechtsvorschrift muß es sich begrifflich bei jedem Gesetz und bei jeder Verordnung handeln." Zorn, St. R II, S. 333: „Was auch im Uebrigen der Inhalt des Gesetzes sein mag: eine Rechtsregel muß jedes Gesetz enthalten." Ferner derselbe in der Zeitschrift f. d. ges. Staatswissenschaft, 1880, S. 11 f. N. 3: „Da nach der im Text gegebenen Ausführung die Anordnung einer »Rechtsregel« in jedem Falle das *A* und *O* eines Gesetzes ist, so muß für uns die obige Laband'sche Unterscheidung dahin fallen." Vgl. ferner Zorn in Hirth's Annalen, 1885, S. 301 ff. Zorn erklärt den Zwang als essentiale des objectiven Rechts (St. R. I, S. 99, 100 N. 3, 101). Da es nun außer allem Zweifel steht, daß es zwangslose Gesetze giebt — leges imperfectae — so ist die Behauptung Zorn's, daß jedes Gesetz einen Rechtssatz enthalte, vom Standpunkte seiner eigenen Zwangstheorie betrachtet, unrichtig. — Nicht ganz genau ist es, wenn Zorn von „Rechtsregel" spricht; denn eine „Rechtsregel" ist abstract, und Zorn kann doch nicht leugnen, daß es Gesetze giebt, welche nur einen einzelnen Thatbestand „regeln"; der Sprachgebrauch wendet das Verbum „regeln" auch mit Beziehung auf einen einzelnen Fall an, das Substantivum „Regel" dagegen nicht.

[2]) v. Martitz ist bekanntlich nicht stets der gleichen Ansicht gewesen.

Dieser Auffassung kann nicht beigetreten werden, und wenngleich sie von G. Meyer in seiner Abhandlung „Der Begriff des Gesetzes und die rechtliche Natur des Staatshaushalts-Etats", in Grünhut's Zeitschrift Bd. VIII, bereits widerlegt ist, so soll sie trotzdem an dieser Stelle nicht unerörtert bleiben.

Man hat bei dem Gesetze nicht nur einen ihm wesentlichen Inhalt, sondern auch eine besondere Form zu unterscheiden; je nachdem man an ersteren oder an letztere denkt, gelangt man zu einem durch materielle oder formelle Merkmale bestimmten Gesetzesbegriff. Auch v. Martitz selbst ist genöthigt, die in Rede stehende Unterscheidung nach Form und Inhalt zu machen und diese beiden Merkmale auseinander zu halten.

Er spricht vom Inhalte des Gesetzes, wenn er sagt, daß die virtus desselben nur „Gebot, Verbot oder Gewährung"[1]) sein könne, und ferner[2]): „das Gesetz ist .... eine Rechtsregel", „Die Gesetzgebung, die sich in Anordnung von Rechtsvorschriften äußert." Ja, er geht, worauf G. Meyer[3]) bereits hingewiesen, noch weiter und verlangt sogar,

---

Vgl. seine Betrachtungen über die Verfassung des Norddeutschen Bundes, 1868, S. 99, 101, 104, 106, 112 N. 89. Er erklärt daselbst, „für einen baaren Unsinn" (S. 99), für „eine juristische Monstrosität" (S. 101), den Etat Gesetz zu nennen, und er rügt „den Mißbrauch, den unsere Politiker mit dem Worte Gesetz treiben" (S. 112 N. 89). — Vgl. Laband, Budgetrecht, S. 14 N. 7 und desselben, St. R. d. D. R. III, 2, S. 341 N. 2.

[1]) v. Martitz a. a. O. S. 246: „Die virtus des Gesetzes wird man .... auf Gebot, Verbot, Gewährung zu reduciren haben". Vgl. ferner a. a. O. S. 247 f.: „Das Gesetz, worauf es sich auch beziehe und was es auch vorschreibe, ist diejenige Willensäußerung des Staates, welche feststellt, was Rechtens sein soll."

[2]) a. a. O. S. 250, 227.

[3]) In Grünhut's Zeitschrift VIII, S. 35.

daß Gesetze **allgemeine** Normen enthalten müssen; er sagt[1]): „die regierende Gewalt, welche, wie die gesetzgebende, in freier Erwägung des Nützlichen und Nothwendigen verfährt; aber anders wie jene, nicht in **allgemeinen Normen**, sondern in Specialverfügungen sich äußert" — woraus zu folgern wäre: daß ein Gesetz, welches **nicht** allgemeine Normen und **nicht** ein Gebot, Verbot oder eine Gewährung enthält, materiell, d. h. seinem Inhalte nach, nicht ein Gesetz ist.

Andererseits hat v. **Martitz** lediglich die **Form** im Sinne, wenn er ausführt (S. 258): „Als Gesetz im constitutionellen Sinne ist in Gemäßheit dieser Anschauung zu definiren derjenige Willensact des Staates, durch welchen Landesrecht auch der Krone gegenüber zur Unverbrüchlichkeit gebracht wird."

Diese Unverbrüchlichkeit ist nicht in dem Inhalte, sondern in der Art des Zustandekommens zu finden: der König hat die Vorschrift verfassungsmäßig nach Genehmigung des Landtages sanctionirt und verkündet; diese Gesetzesform kann er nicht einseitig aufheben — und somit kommt auch v. **Martitz** selbst zum Begriff des formellen Gesetzes[2]). Trotzdem behauptet er (S. 270): „Der Gesetzesbegriff läßt eine Auseinanderlegung nach den Elementen der Form und des Inhalts nicht zu."

Es fragt sich nun: kann es ein formelles Gesetz geben, welches des von v. **Martitz** für nothwendig erachteten Inhalts entbehrt und daher ein **rein** formelles Gesetz ist? Wir haben von v. **Martitz** gehört: die virtus legis sei zu reduciren auf: Gebot, Verbot oder Gewährung. Da es sich nun sehr wohl denken läßt, daß eine unter parlamentarischer Mitwirkung erlassene Anordnung **einen** andern Inhalt hat,

---

[1]) a. a. O. S. 227.

[2]) G. **Meyer** in Grünhut's Zeitschrift VIII, S. 34 f.

z. B. eine Constatirung, einen Lehrsatz[1]) 2c., so kommen wir demnach auch zu dem Begriffe des rein formellen Gesetzes.

Und auch v. Martitz gesteht trotz seines Leugnens selbst zu, daß es rein formelle Gesetze giebt. Anders läßt sich wenigstens die folgende Stelle nicht erklären (S. 220): „Gesetzgeberische Monologe, wie sie einst Herr v. Gerlach verhöhnte, schallen auch heute noch von der legislatorischen Bühne zu dem kopfschüttelnden juristischen Publicum herunter. Politische Programme, fromme Wünsche, Verheißungen decken zuweilen auch heute noch ihre juristische Blöße mit der Majestät des Gesetzes."

Man kann wohl nicht deutlicher sagen, daß Gesetze, die politische Programme[2]), fromme Wünsche, Verheißungen enthalten, einen rein formellen Charakter haben, als dadurch, daß man von ihnen behauptet: sie decken „ihre juristische Blöße mit der Majestät des Gesetzes".

Und doch fragt v. Martitz (S. 230): „Läßt eine Gesetzesform sich denken ohne Gesetzesinhalt?" und versichert (S. 250): „Gesetze, die keinen Rechtssatz enthielten, die nur in formellem Sinne, nur scheinbar Gesetze wären, giebt es nicht".

Ganz neuerdings ist wiederum ein Angriff auf die hier vertheidigte Lehre erfolgt, und zwar von Seidler[3]), welcher

---

[1]) S. die Beispiele hierfür unten S. 43 f.

[2]) Vgl. unten S. 42 N. 1 das von Laband angeführte Beispiel.

[3]) G. Seidler, Budget und Budgetrecht im Staatshaushalte der constitutionellen Monarchie mit besonderer Rücksichtnahme auf das österreichische und deutsche Verfassungsrecht, 1885, S. 184 ff. Eine eingehendere Widerlegung s. im Archiv f. öff. R. I, S. 172 ff. „Zur Lehre vom Budgetrecht" von Laband, dessen Ausführungen, soweit sie sachlich sind, beizutreten ist. Treffend hebt Laband hervor (a. a. O. S. 177, 180 f.), daß Seidler unwillkührlich zu einem materiellen Merkmal des Gesetzes („Anordnung", s. im Text S. 18) und zu einem formellen gelangt („unmittelbar vom Inhaber der Staatsgewalt in der Form Rechtens",

bei seiner Beweisführung sich hauptsächlich in v. Martitz'schen Bahnen bewegt und daher nur einer kurzen Erwiderung bedarf.

Seidler definirt Gesetz: „als eine unmittelbar vom Inhaber der Staatsgewalt in der Form Rechtens erlassene, mit der höchsten Autorität staatlichen Willens ausgestattete Norm" [1]).

Das Gesetz muß also immer einen Befehl enthalten oder, wie Seidler sich ausdrückt[2]), eine „Anordnung" oder eine „anordnende Willensentschließung", und es muß ferner sogar abstract sein, denn Seidler sagt[3]): „das Gesetz ist eben immer nur abstracte Norm".

Er scheint indessen an dem Erfordernisse der Allgemeinheit selbst nicht recht fest zu halten; er erklärt nämlich, daß die Anordnung, eine Schenkung zu machen, eine Anleihe aufzunehmen, ein Denkmal zu errichten, Inhalt eines Gesetzes sein könne[4]). Und doch darf darüber kein Zweifel bestehen, daß diese von Laband[5]) angezogenen Fälle, welche auch Seidler bei seinen letzterwähnten Behauptungen im Auge hatte, keineswegs abstract, vielmehr nur individuell sind[6]).

---

s. oben im Text), und daß ein Gesetz auch nur das eine von beiden Merkmalen haben könne.

[1]) a. a. O. S. 199.

[2]) a. a. O. 192, 193, 201 IV, 206, 207.

[3]) a. a. O. S. 194, siehe auch a. a. O. S. 193 Anm. 2. Seidler citirt dort aus v. Gerber's Grundzügen §. 45: „Als Gesetzgeber offenbart der Staat seinen Willen in der Form abstracter Normen." S. unten N. 6 und Seidler, Leitfaden der Staatsverrechnung II, S. 2.

[4]) Seidler a. a. O S. 192 f.

[5]) Laband, Budgetrecht, S. 6ff., derselbe St.R. d. D.R. II, S. 60.

[6]) a. a. O. S. 194 sagt Seidler: „Selbst wenn ein Gesetz sich auf ein einzelnes concretes" (richtiger: individuelles) „Verhältniß bezog, bestand doch die allgemeine Verpflichtung, die Normirung desselben als rechtsverbindlich anzuerkennen". Daß Seidler an dieser Stelle „allgemein" und „abstract" verwechseln sollte, läßt sich kaum an-

Ebensowenig wird man gelten lassen können, daß jede Aeußerung der berufenen Factoren, welche nach der Art ihrer Entstehung ein „Gesetz“ ist, nothwendiger Weise eine Anordnung zum Gegenstande haben muß; es ist vielmehr unwiderlegbar, daß in derselben Form Vermuthungen, Wünsche, Hoffnungen, Constatirungen, Lehrsätze u. s. w. ausgesprochen werden können.

Hinsichtlich des Budgets giebt Seidler selbst zu, daß dasselbe zum Theil nicht die Natur eines Befehls und somit des Gesetzes habe; derselbe erklärt [1]): „In den deutschen Mittel- und Kleinstaaten, in welchen der Etat nur zum Zwecke der Steuerbewilligung aufgestellt wird, bildet die Anerkennung der Ausgaben bloß das Motiv für das Maß der Steuerbewilligung. Hier kommt den Voten der Ausgaben ein gesetzlicher Charakter nicht zu.“

In diesem Passus wird klar und bündig anerkannt, daß der Etat partiell einen Inhalt haben könne, welchem „die Bedeutung eines Gesetzesbefehls nicht zukommt“.

Sämmtliche Gegner der v. Stockmar-Laband'schen Lehre sehen, wie erwähnt, unbekümmert um den Inhalt, allein in der Form und in deren Unverbrüchlichkeit das essentiale des Gesetzes. Daß die formelle Gesetzeskraft den

---

nehmen. Selbstverständlich beansprucht eine Anordnung für den Einzelfall allgemein, d. h. von allen Gesetzesunterthanen, anerkannt, zu werden; sie wird aber dadurch nicht abstract, d. h. derartig, daß sie nicht einen Einzelfall, sondern eine unbestimmte Anzahl von Fällen begrifflich umfaßt. Aehnlich v. Jhering (Der Zweck im Recht I, 2. Aufl., S. 331), auf den Seidler (a. a. O. S. 194 N. 2) sich beruft: „Je nachdem der Imperativ bloß das Handeln im einzelnen Fall oder einen Typus des Handelns für alle Fälle einer gewissen Art vorzeichnet, unterscheiden wir concrete und abstracte Imperative“.

[1]) a. a. O. S. 236, ebenso S. 238 Abs. 2. Vgl. im Uebrigen in Betreff von Seidler's Budgettheorie unten S. 85ff. und Laband, Archiv für öffentliches Recht I, S. 188 ff.

Staatsgesetzen in der Regel eigen ist, hat nicht am wenigsten Laband selbst betont; ein wesentliches Erforderniß derselben ist sie indessen nicht.

Ganz unzulänglich aber wird der von den Gegnern aufgestellte, allein nach äußerlichen Kennzeichen bestimmte Gesetzesbegriff, wenn sie den Versuch machen, aus demselben praktische Consequenzen zu ziehen und sich in dem Glauben wiegen, mit ihrem Begriffe den bedeutsamen Unterschied von Gesetz und Verordnung in vollkommene Klarheit zu bringen.

Und daß dieser Glaube in der That vorhanden ist, beweist u. a. folgende Aeußerung v. Sarvey's[1]): „Sie (die Verordnung) unterscheidet sich jedoch von dem Gesetze dadurch, daß sie nicht die Willensäußerung des Gesetzgebers, des höchsten Willens im Staate ist, daß sie also nicht vermöge der Thatsache der Willensäußerung an sich, wie das Gesetz, sondern nur, soweit sie gesetzmäßig ist, rechtliche Geltung im Staate, d. h. eine rechtsverpflichtende Wirkung hat, woraus folgt, daß stets ein Organ der Verwaltung vorhanden sein muß, welches für die Gesetzmäßigkeit der Willensäußerung verantwortlich ist." „Man kann jedoch[2]) auf eine principielle Abgrenzung von Gesetz und Verordnung nicht verzichten, da dieselbe von fundamentaler Bedeutung für das Verwaltungsrecht ist. Dieselbe kann nur, wie oben geschehen, dahin formulirt werden, daß die gesetzgebende Gewalt ihrem Begriff und Wesen nach die höchste, jede andere Aeußerung des Staatswillens, wie die Einzelnen bestimmende Gewalt im Staate ist, woraus alles Andere von selbst folgt."

---

[1]) v. Sarvey in Marquardsen's Handbuch I, 2, S. 28; s. die Recension Rosin's in Schmoller's Jahrbuch, N. F. Neunter Jahrgang, 1885, S. 1003 f.

[2]) a. a. O. S. 10.

Zu demselben Resultat kommt Seidler[1]); er erklärt (a. a. O. S. 198): „Wenn die eine Rechtsvorschrift enthaltenden Verordnungen gültig sind, haben sie ohne Zweifel die gleiche Wirkung wie Gesetze. Aber während beim gehörig kundgemachten Gesetze die Gültigkeit eine unbedingte ist, ist die Rechtsgültigkeit der Verordnung nur eine bedingte. Worin liegt der innere Grund dieser Verschiedenheit der Autorität staatlicher Willensäußerungen des gleichen Inhalts? Da es ein- und derselbe Staatswille ist, welcher Gesetze und Verordnungen erläßt, so kann offenbar die Erklärung nur darin gelegen sein, daß der Staatswille selbst zwischen den von ihm gesetzten Anordnungen Unterschiede in der Intensität des Wollens und dem entsprechend in der Autorität der Geltung macht. Der Staatswille selbst legt denjenigen Anordnungen, welche er als Gesetz erläßt, eine im Vergleiche zu anderen, nicht als Gesetze erlassenen Anordnungen höhere Autorität bei."

Demgegenüber muß bestritten werden, daß die formelle Gesetzeskraft als ein essentiale des formellen Gesetzes und als ein unterscheidendes Merkmal von Gesetz und Verordnung zu betrachten sei. Die formelle Gesetzeskraft ist diejenige Unverbrüchlichkeit der Geltung, welche darin besteht, daß eine erlassene Norm oder sonstiger Inhalt nur im ordentlichen Wege der Legislative aufgehoben oder abgeändert werden kann. Einerseits fehlt mitunter diese Eigenschaft den formellen Gesetzen, wenn diese nämlich — auf Grund einer Delegation — schon durch einseitigen Regierungsbeschluß ganz oder zum Theil außer Kraft gesetzt werden können[2]). Andererseits

[1]) a. a. O. S. 196 ff., 199, 201, 206.

[2]) Laband, in Marquardsen's Handbuch II, 1, S. 82. — Vgl. z. B. Einf.-Ges. zur C.P.O. §. 6 und §. 511 C.P.O.

seits ist es möglich, daß auch Verordnungen formelle Gesetzeskraft haben, d. h. nach ihrem Erlaß nur der Einwirkung der Legislative unterworfen sind [1]). Ein Beispiel für den letzteren Fall bietet die Preußische Verordnung wegen Bildung der Ersten Kammer vom 12. October 1854; dieselbe hat formelle Gesetzeskraft nach Art. 64 Abs. 3 der Preuß. Verfassungs-Urkunde:

> „Die Erste Kammer wird durch Königliche Anordnung gebildet, welche nur durch ein mit Zustimmung der Kammern zu erlassendes Gesetz abgeändert werden kann."

Ein weiterer Beleg ist auch darin zu erblicken, daß nicht nur Acte der verwaltenden, sondern auch der rechtsprechenden Behörden formelle Gesetzeskraft haben können; dies gilt z. B. hinsichtlich derjenigen Urtheile [2]) des Königlich Sächsischen Staatsgerichtshofes, von welchen weiter unten die Rede sein wird, und welche Interpretationen der Sächsischen Verfassung geben und als „authentische" Interpretationen, d. h. als formelle Gesetze, gelten und mithin dieselbe Unverbrüchlichkeit wie diese haben sollen. Die Bedingtheit oder Unbedingtheit der Geltung des erklärten Staatswillens kann nach alle Dem kein Kriterium für die Unterscheidung an die Hand geben [3]), ganz abgesehen

---

[1]) Laband, a. a. O. S. 82.

[2]) S. unten S. 74 f. und N. 1 S. 75 f.

[3]) Seidler erklärt a. a. O. S. 199 das Gesetz für die „mit der höchsten Autorität staatlichen Willens ausgestattete Norm." Auf S. 200 behauptet er, „daß dem Verfassungsgesetze eine höhere Autorität der Geltung von dem dasselbe setzenden Staatswillen beigelegt wird, als dem gewöhnlichen Gesetze."

Diese Gegenüberstellung zeigt, wie wenig mit der „Intensität des Wollens" (s. oben im Text S. 21) anzufangen ist; wir wurden belehrt: 1. Das Gesetz ist die mit der höchsten Autorität ausgestattete Norm. 2. Das Verfassungsgesetz hat eine höhere Autorität als das gewöhnliche Gesetz. Daraus folgt: also hat letzteres nicht die höchste Autorität — also ist es kein Gesetz!

von der Frage, ob man nach der v. Sarvey'schen und Seidler'schen Theorie noch berechtigt wäre, von Landes-„Gesetzen" zu reden, welche den Gesetzen und sogar den Rechtsverordnungen des Reichs gegenüber doch auch nur eine bedingte Geltung haben.

Indem wir die ausführlichere Begründung der hier vertretenen Lehre für die eigene dogmatische Darstellung aufsparen müssen, sei jetzt nur noch erwähnt, daß auch die Praxis das Wort Gesetz bald nach Kriterien des Inhalts, bald nach Merkmalen der Form anwendet. So ist die Rede vom materiellen[1]) Gesetze u. a. im Einführungs-Gesetz zur C.P.O. §. 12:

> „Gesetz im Sinne der Civilproceßordnung und dieses Gesetzes ist jede Rechtsnorm."[2])

H. Schulze (Das Preußische Staatsrecht Bd. II, S. 206) hält Rechtsverordnungen nicht für Gesetze (im materiellen Sinne), „denn derartige Vorschriften sind nicht wie Gesetze absolut gültige Normen, sondern gelten nur bedingt, »insoweit sie nicht mit den Gesetzen oder den Anordnungen höherer Behörden in Widerspruch stehen«". Gegen diese Behauptung streiten die oben im Text angeführten Gründe; insbesondere spricht der Umstand dagegen, daß auch Landesgesetze gegenüber Reichsgesetzen nur bedingt, d. h. nur insoweit gelten, als sie nicht mit Reichsgesetzen in Widerspruch stehen; aus einer derartig „bedingten" Geltung eines Rechtssatzes läßt sich daher ein Beweis gegen die Gesetzesnatur desselben um so weniger erbringen, als es Normen giebt, welche nur subsidiäre Anwendung finden und unzweifelhaft materielle Gesetze sind. H. Schulze hat übrigens die bekämpfte Behauptung zurückgezogen (Lehrb. d. D. St.R. I, S. 528, 530).

[1]) Ueber die doppelte Bedeutung von Gesetz im materiellen Sinn s. unten S. 26.

[2]) Aehnlich §. 7 Einf.-Ges. zur St.P.O., §. 2 Einf.-Ges. zur Konk.-O., §. 13 der Kais. Verordnung, betreffend die Begründung der Revision in bürgerlichen Rechtsstreitigkeiten, vom 28. September 1879 (R.G.Bl. S. 302). S. auch §. 1 des österr. allgem. bürgerl. Gesetzbuchs und Laband, Archiv für öffentl. Recht I, S. 182, 184.

Ferner gehört hierher §. 512 C.P.O betreffend die Revision:

„Das Gesetz ist verletzt, wenn eine Rechtsnorm nicht oder nicht richtig angewendet worden ist."

Den gleichen Wortlaut hat auch §. 376 Abs. 2 St.P.O. In diesen Stellen ist die Bezeichnung Gesetz ausschließlich nach dem Inhalt gerechtfertigt; es fallen unter den Begriff auch Normen des Gewohnheitsrechts und Rechtsverordnungen[1]); beiden fehlen die formellen Kennzeichen; sie sind aber dennoch Gesetze, und ihre Verletzung begründet die Revision.

---

[1]) Dies Alles wird in der Judicatur, wie überhaupt in der Praxis, ausdrücklich anerkannt, was Zorn (s. unten N. 3 S. 122 f.) grundlos leugnet, wie folgende Beispiele darthun.

Entscheidungen des R.G. in Str.S. Bd. IX, S. 300:

„Gesetz, auf dessen Verletzung die Revision gestützt werden kann, ist jede Rechtsnorm, auch das Gewohnheitsrecht."

Urtheil des obersten L.G. für Bayern vom 8. März 1884 in Seuffert's Archiv Bd. 39, Nr. 265:

„Durch eine Allerhöchste Verordnung vom 3. Oct. 1859, die Gehalts- und Dienstverhältnisse des Personals der königl. bayr. Verkehrsanstalten betr., ist allen Bediensteten im Falle des Verunglückens im Dienst und dadurch herbeigeführten Dienstunfähigkeit eine erhöhte Pension zugesichert. Diese Verordnung enthält zwar keine durch einen Gesetzgebungsact begründete Rechtsregel; allein durch dieselbe sind in Ansehung der Pensionsverhältnisse des genannten Personals unmittelbar rechtsverbindliche Vorschriften geschaffen, welche den Charakter einer Rechtsnorm haben und denselben dadurch nicht verlieren, daß sie dem Einzelnen gegenüber privatrechtliche Wirkungen äußern. Es erscheint daher zulässig, die Revision auf unrichtige Anwendung dieser Verordnung zu stützen (§. 512 der C.P.O.)."

In einem Urtheile des R.G.'s vom 1. Juli 1882 (abgedruckt in Wallmann's Deutscher Juristenzeitung Bd. VII, 1883, S. 600 ff. und in Gruchot's Beiträgen Bd. XXVII, S. 1109 ff.) wird die gleiche Ansicht ausgesprochen. Anlaß zur Entscheidung gab die auf Grund des §. 11 des Ges. v. 11. März 1850 erlassene Circularverfügung des Ministers des Innern vom 6. Juni 1850, welche bestimmt, daß zur Gültigkeit einer

In ähnlichem Sinne verwenden auch die Verfassungs-Urkunden[1]) das Wort Gesetz für alle Rechtsnormen, ohne Rücksicht auf die Art ihrer Entstehung. Nach Art. 4 der Preußischen V.-U. sind alle Preußen vor dem „Gesetze" gleich; nach Art. 54 a. a. O. gelobt der König „in Uebereinstimmung mit den Gesetzen zu regieren"[2]). Hierhin gehört auch die Vorschrift des Art. 2 der R.-V., daß Reichsgesetze Landesgesetzen vorgehen sollen. Unter ersteren werden hier auch die nicht unter Mitwirkung der Volksvertretung erlassenen reichsrechtlichen Normen (Rechtsverordnungen) verstanden.

Dagegen sprechen z. B. Art. 2 und 69 der Preußischen Verfassungs-Urkunde vom Gesetz im formellen Sinne.

> Art. 2. „Die Grenzen dieses Staatsgebietes können nur durch ein Gesetz verändert werden."

---

polizeilichen Vorschrift, welche von einer Bezirksregierung auf Grund der angeführten Gesetzesstelle erlassen werde, Folgendes erforderlich sei:

> „Der Erlaß muß ausdrücklich auf den §. 11 des besagten Gesetzes Bezug nehmen und als polizeiliche Vorschrift, Polizeiverordnung oder Polizeireglement bezeichnet sein."

In dem erwähnten Urtheile wird ausgeführt:

> „Die Verfügung bildet zwar kein Gesetz im engeren, formellen Sinne, indem sie nicht von der Legislative ausgegangen ist, wenn sie auch auf Grund einer speciellen Ermächtigung derselben erlassen ist. Nach §. 512 C.P.O. ist aber unter einem „Gesetz", dessen Verletzung die Revision begründen kann, jede „Rechtsnorm" zu verstehen. Es ist dabei nicht unterschieden, auf welcher Quelle die Rechtsnorm beruht."

Vgl. ferner Entscheidungen des R.G. in Str.S. Bd. VI, S. 238, Entscheid. d. R.G. in C.S. Bd. XIII, S. 215 f., sowie die unten S. 123 ff. u. N. 3 S. 122 f. mitgetheilten Entscheidungsgründe. S. ferner v. Wilmowski und Lewy, Commentar zur C.P.O., 4. Aufl. §. 511 N. 4, S. 671 f.; Struckmann und Koch, Commentar zur C.P.O., 4. Aufl. §. 512, S. 553 f.; Löwe, Commentar zur St.P.O., 4. Aufl. §. 376 N. I 3a, S. 666.

[1]) Vgl. oben S. 5 f. das Gutachten der Juristen-Facultät zu Göttingen.

[2]) Fernere Beispiele a. a. O. Art. 58, 86 u. a. m.

Art. 69. „Die Wahlbezirke werden durch das Gesetz festgestellt.“ [1])

Als formelles Gesetz bezeichnet man, wie aus Obigem hervorgeht, jede in einer bestimmten verfassungsmäßigen Form abgegebene staatliche Erklärung. Zieht man dagegen den sachlichen Inhalt in Betracht, so hat das Wort Gesetz eine doppelte Bedeutung: zunächst im weitesten Sinne ist es identisch mit Rechtsnorm.

Die vorliegende Arbeit bezweckt weder diesen Begriff des rein materiellen noch den des rein formellen Gesetzes, einen jeden für sich betrachtet, erschöpfend zu behandeln; es wird weder der Begriff der Rechtsnorm noch des objectiven Rechts systematisch erörtert werden, noch sollen der verfassungsmäßige Gang der Legislative und die diesbezüglichen einschlägigen Controversen hier eine Behandlung finden. Gegenstand dieser Untersuchung ist vielmehr im Wesentlichen das materielle Gesetz in einem engeren als dem oben angegebenen Sinne; man versteht nämlich unter Gesetz auch die verbindliche Anordnung einer Rechtsregel [2]).

Das Vorhandensein eines materiellen Gesetzes in der zuletzt erwähnten Bedeutung wird bedingt durch das Zusammentreffen von vier wesentlichen Momenten:

---

[1]) Aehnliche Beispiele bieten a. a. O. die Art. 13, 17, 19, 26, 37, 45, 47, 49, 61, 87, 89, 91, 96, 97, 98, 99, 103, 104 Abs. 3, Art. 105, 106 u. a. m.

[2]) Laband in Marquardsen's Handbuch II, 1, S. 70: „Gesetz im materiellen Sinne bedeutet die rechtsverbindliche Anordnung eines Rechtssatzes.“ A. a. O. Anm. 2: „Das Wort „Gesetz“ bedeutet streng genommen die Erscheinungsform des vom Staate angeordneten Rechtes; es wird aber auch gebraucht, um den in dem Gesetz enthaltenen „Rechtssatz“ zu bezeichnen.“ Vgl. auch Laband, St.R. d. D. R. II, S. 1 und Anm. 1.

1. es muß ein Befehl[1]) ertheilt werden;
2. es ist durchaus erforderlich, daß derselbe abstract sei;
3. der Befehl oder die ihm entsprechende, im Rechtssatze enthaltene Gewährung muß sich an die Unterthanen richten;
4. endlich ist es ein essentiale, daß eine noch nicht in Kraft stehende Rechtsregel mit Verbindlichkeit ausgestattet, oder daß — falls sie schon Geltung hat — ihr eine intensiv oder extensiv weitere Geltung verliehen werde.

In der folgenden Untersuchung werden hauptsächlich die Gesetze in Betracht kommen, welche im ordentlichen Wege der Gesetzgebung entstanden sind; unter diesen sind diejenigen als materielle zu bezeichnen, welche einen Rechtssatz schaffen, als formelle dagegen diejenigen, bei welchen dies nicht der Fall ist. Es wird der Versuch gemacht werden, zwischen beiden die Grenze zu ziehen, von jedem die Kennzeichen im Wege dogmatischer Untersuchung zu finden und die gefundenen Resultate durch praktische Beispiele zu erläutern. Es soll ein Leitfaden gegeben werden, um bestimmen zu können: dieses Gesetz ist ein materielles, jenes ein rein formelles.

---

[1]) Darüber, daß in jedem Rechtssatze dem Befehl eine Gewährung entsprechen muß, vgl. S. 29 Anm. 1 und S. 55 f. Die Gewährung erregt im Vergleich zu ihrem Correlat nur in geringem Maße das wissenschaftliche Interesse; denn die wirkende Kraft des Gesetzes, welche das praktische Leben gestaltet, beruht zunächst und wesentlich auf dem iubeo des Gesetzgebers. Daher ist es nicht verwunderlich, wenn die Theorie die Gewährung beinahe unberücksichtigt ließ und ihre wichtigsten Controversen an den Rechtsbefehl knüpfte. Aus demselben Grunde wird in Folgendem der Gesetzesinhalt nur insofern einer eingehenderen Betrachtung unterworfen werden, als er eine Directive ertheilt für den menschlichen Willen.

Dabei wird sich nicht ganz umgehen lassen, die Kriterien des Rechtssatzes, also des materiellen Gesetzes im weiteren Sinne, und des objectiven Rechts, soweit als dieselben für die gegenwärtige Untersuchung *wesentliche* sind, in den Kreis der Betrachtung zu ziehen. Ueberall, wo dann ein solches wesentliches Merkmal des Rechts fehlt, wird man zu der Folgerung genöthigt sein, daß nur die Form es ist, von welcher die Benennung des Ausspruchs sich herleitet; wäre beispielsweise der Zwang oder ein physisches Zwangsmittel essentiale des Rechts, so würden zwangslose Bestimmungen, wie sie sich z. B. in Verfassungs-Urkunden finden, nur formell-gesetzliche sein.

II.

Der Befehl des Gesetzes.

Jeder Rechtssatz, so mannigfach sein Inhalt auch sein möge, läßt sich zurückführen auf Befehl und Gewährung [1]); auch die letztere umhüllt stets ein Gebot oder Verbot. Denn

---

[1]) Thon, Rechtsnorm und subjectives Recht, S. 8, geht zu weit, wenn er sagt: „Das gesammte Recht einer Gemeinschaft ist nichts als ein Complex von Imperativen." Vgl. auch Lenel, Exceptionen, S. 4 f.; Bierling, Zur Kritik der juristischen Grundbegriffe II, S. 12 ff., 18 ff. Thon widerspricht sich, indem er zugiebt, daß die Aussprüche der Rechtsordnung mitunter „du kannst nicht" lauten (s. Thon a. a. O. S. 12; vgl. darüber Bierling a. a. O. S. 8 ff.).

Andere Schriftsteller leugnen, daß jeder Gewährung ein Imperativ gegenüberstehe. Binding, Besprechung von Thon, Rechtsnorm und subjectives Recht, in der Krit. Vierteljahrsschr., N. F. Bd. II, 1879, S. 549, 551, 553, 555 f.; s. ferner Binding, Handbuch des Strafrechts I, S. 157 und 157 f. N. 8.

Mir dagegen will scheinen, daß jeder Rechtssatz gleichzeitig einen Befehl und eine Gewährung enthält. Da es nämlich ein begriffliches Erforderniß ist, daß jeder Pflicht ein Recht gegenübersteht, und die Willensmacht des einen Genossen nicht einen Augenblick für sich allein zu denken ist, ohne daß eine Gebundenheit eines anderen ihr entspräche, da ferner eine Rechtspflicht nur durch einen Imperativ erzeugt werden kann, ein subjectives Recht nur durch eine Gewährung, so ergiebt sich als unabweisbare Consequenz, daß zugleich ein Befehl und eine Gewährung Bestandtheile jedes Rechtssatzes sein müssen. Vgl. Merkel in Grünhut's Zeitschrift VI, S. 371.; derselbe, Encyclopädie, S. 43.

ein Recht ohne gegenüberstehende Pflicht ist nicht denkbar[1]), und wenn der Staat einem Gesetzesunterthan ein Recht gewährt, so gebietet er den Genossen[2]), dasselbe anzuerkennen, zu thun, was der Berechtigte kraft seines Anspruchs fordert, oder verbietet ihnen jeden Eingriff in die Rechtssphäre des Beliehenen. Jeder Rechtssatz hat demnach stets ein Gebot oder ein Verbot zum Gegenstande; diese aber füllen den Begriff des Befehls.

Es ist neuerdings von Zitelmann geleugnet worden, daß das Gesetz einen Befehl enthalte[3]); er hat bei dieser Gelegenheit eine Parallele zwischen dem Rechtsgesetze und dem Naturgesetze[4]) gezogen und beide nicht als Imperative, sondern als hypothetische Urtheile bezeichnet. Seine Auf-

---

[1]) S. Pernice, Rechtsgeschäft und Rechtsordnung, in Grünhut's Zeitschrift Bd. VII, S. 478: „Denn wie jeder Befugniß eine Pflicht, so entspricht jeder Verpflichtung ein Recht; man kann, wo es sich um eine positive Rechtsordnung handelt, immer eines aus dem anderen herleiten." Ebenso Binding a. a. O. I, S. 182.

[2]) Thon, Der Rechtsbegriff, in Grünhut's Zeitschrift Bd. VII, S. 246 N. 11, hält den Ausdruck „Genossen" für zu eng, da das Gesetz sich nicht nur an Staatsangehörige, sondern auch an Ausländer wende. Es sei deßhalb bemerkt, daß das fragliche Wort hier nicht im Sinne von Staatsgenossen, sondern von Rechtsgenossen gebraucht wird.

[3]) Vgl. Zitelmann's anregendes und geistvolles Buch: Irrthum und Rechtsgeschäft, 1879, S. 203 ff. Vgl. dagegen die treffenden Ausführungen und Widerlegungen in Schloßmann's Kritik, Grünhut's Zeitschrift f. d. Priv. und öffentl. R. Bd. VII, 1880, S. 550 ff.; ferner Bierling, Zur Kritik der juristischen Grundbegriffe II, 1883, S. 12 ff., 277 ff.; Sturm, Recht und Rechtsquellen, 1883, S. 81; Thon, Der Rechtsbegriff, in Grünhut's Zeitschrift Bd. VII, S. 246 f. N. 12; Binding, Handbuch des Strafrechts I, 1885, S. 158 N. 8.

[4]) Ueber die Vergleichung von Naturgesetz und Rechtsgesetz s. Zitelmann a. a. O. S. 200 ff., 205 ff.; Bierling a. a. O. S. 266 ff., 277 ff.; Bergbohm, Staatsverträge und Gesetze als Quellen des Völkerrechts, S. 55 ff.

fassung, welche er unter Heranziehung eines großen philosophischen Apparates zu stützen versucht, hat er mit solchem Nachdruck vertheidigt, daß ein näheres Eingehen auf die Streitfrage, deren Aufklärung für die folgende Untersuchung von Wichtigkeit ist, nicht umgangen werden kann.

Das Wort Gesetz wird in einer mehrfachen Bedeutung gebraucht; während man darunter — nach der herrschenden Meinung — im Rechtsgebiete ausschließlich eine Willenserklärung versteht, welche einen Befehl ertheilt, giebt man auf anderen Gebieten denselben Namen auch allgemeinen hypothetischen Urtheilen. Ein Beispiel für letzteren Fall wäre folgendes: „wenn ich reines Gold um x Grad über Null erwärme, so dehnt es sich um y Procent seines Volumens aus“ [1]); diesen Satz, welcher ein hypothetisches Urtheil aufstellt (wenn — so), nennt man Gesetz. In diesem Sinne ist dasselbe also ein Ausspruch über das Vorhandensein eines Zusammenhanges zwischen mehreren Thatbeständen.

Zitelmann selbst ist freilich genöthigt, zuzugeben, daß das Wort Gesetz nicht nur zur Bezeichnung gewisser hypothetischen Urtheile, sondern noch in einer anderen Bedeutung gebraucht werde [2]). Er kommt nämlich zu der richtigen Er-

---

[1]) In Betreff des Verhältnisses von Gesetz und dem einfachen Causalsatze vgl. Rümelin, Reden und Aufsätze, S. 2 ff.; Bierling, Zur Kritik der juristischen Grundbegriffe II, S. 272 ff. Zutreffend ist die Behauptung Bierling's, daß den meisten Sätzen der Jurisprudenz die Bestimmtheit des vollkommenen Gesetzes fehlt, und daß diese daher insoweit sich nur mit Causalsätzen vergleichen lassen. Bierling a. a. O. S. 274 ff. S. ferner Zitelmann, Irrthum und Rechtsgeschäft, S. 203 f.: „Das Gesetz sagt nicht bloß: „immer wenn U ist oder gilt, gilt oder ist auch W“, sondern es muß fortfahren: immer wenn sich U um eine bestimmte Differenz ändert, muß sich auch W um eine bestimmte proportionale Differenz ändern.“ S. unten S. 37 N. 2.

[2]) Zitelmann, Irrthum und Rechtsgeschäft, S. 204 f.

kenntniß, daß überall, wo eine allgemeine Verknüpfung zwischen zwei Thatsachen — wie sie in dem hypothetischen Urtheile constatirt werde — vorliege, man nach dem Verknüpfenden, Setzenden fragen könne; indem man auch hier wieder die Kategorie der Causalität anwende, denke man hinter dem Gesetze eine setzende, gesetzgebende Kraft, und diese letztere — so erklärt er — „nennt man selbst wieder Gesetz"[1]). Sodann fährt Zitelmann fort[2]): „In gleicher Doppeldeutigkeit gebrauchen wir nun auch das Wort Gesetz in der Jurisprudenz. Das Gesetz bestimmt und ordnet an und ist auch wiederum diese Bestimmung und Anordnung selbst." Wenn dieser Satz nicht ein wenigstens unbewußtes Zugeständniß enthält, daß das Rechtsgesetz — in einer Bedeutung des Worts — imperativisch ist, so vermag ich mir seinen Sinn nicht zu erklären. Allein es ist zu vermuthen, daß

---

[1]) Zitelmann a. a. O. S. 205. Vgl. in dieser Hinsicht: Ueberweg, System der Logik, 5. Aufl., herausgegeben von J. B. Meyer, S. 1: „Die Logik ist die Wissenschaft von den normativen Gesetzen der menschlichen Erkenntniß." „Die normativen Gesetze (Gebote, Vorschriften) sind diejenigen allgemeinen Bestimmungen, denen die Erkenntnißthätigkeit sich um der Erreichung des Erkenntnißzweckes willen unterwerfen muß." Ferner v. Helmholtz, Vorträge und Reden II, 1884, verwendet das Wort Naturgesetz gleichfalls in beiden oben wiedergegebenen Bedeutungen. Als hypothetisches Urtheil ist es aufgefaßt in dem Satze (a. a. O. S. 226): „Jedes Naturgesetz sagt aus, daß auf Vorbedingungen, die in gewisser Beziehung gleich sind, immer Folgen eintreten, die in gewisser anderer Beziehung gleich sind", als zwingende Macht (a. a. O. S. 245): „Insofern wir dann das Gesetz als ein unsere Wahrnehmung und den Ablauf der Naturprocesse Zwingendes, als eine unserm Willen gleichwerthige Macht anerkennen, nennen wir es ‚Kraft'." — S. auch die unten N. 1 S. 35 f. angeführten Aeußerungen desselben Schriftstellers. — Ueber Recht im Sinne eines Setzenden und eines Gesetzten vgl. Lotmar, Ueber causa im Römischen Recht, S. 2.

[2]) Zitelmann a. a. O. S. 205.

Zitelmann sich gegen die Annahme eines derartigen Zugeständnisses verwahren würde; denn er sagt späterhin [1]): „Rechtsnormen nun können ihrem Wesen nach niemals Imperative sein", und er vindicirt zu wiederholten Malen dem Rechtsgesetze [2]) ausschließlich die Eigenschaft des hypothetischen Urtheils [3]).

Daß er sich indessen über das Wesen und die Function des hypothetischen Urtheils nicht klar geworden ist, darüber giebt uns insbesondere die folgende Stelle [4]) Aufschluß: „Jede Rechtsnorm ist demnach ein Urtheil, und nur das Eigenthümliche hat dieses Urtheil, daß die Synthese der Begriffe in ihm bloß deßhalb gültig ist, weil der Gesetzgeber es will: der Gesetzgeber hatte die Macht, durch seinen Willen dem Subject (Du) ein Prädicat (verpflichtet sein) beizulegen, das dem Subject vorher nicht zukam; in dem Aussprechen der Norm vollzieht mithin der Gesetzgeber zu gleicher Zeit die Verknüpfung der Thatsachen in Wirklichkeit, welche er zugleich im Urtheil als verknüpft ausspricht."

Dieser Satz kann in einer zweifachen Weise ausgelegt werden. Zieht man die oben mitgetheilte Behauptung Zitelmann's von der Doppeldeutigkeit des Wortes Gesetz in Betracht, so gelangt man zu folgender Erklärung: beim Aussprechen des Gesetzes vollzieht der Gesetzgeber gleichzeitig zwei Thätigkeiten; er ordnet an, daß eine Beziehung entstehe, und spricht ferner das Urtheil aus, daß diese Beziehung vor-

---

[1]) a. a. O. S. 222.

[2]) Zitelmann identificirt Rechtssatz und Gesetz: „Das einzelne Gesetz auf dem Gebiete des Rechts ist der Rechtssatz" (a. a. O. S. 205).

[3]) „Du sollst" ist nach Zitelmann (a. a. O. S. 222) ein Urtheil. Beizustimmen ist dagegen Bierling (a. a. O. II, S. 285 ff.), welcher in dem „Du sollst" eine längere Imperativform sieht.

[4]) a. a. O. S. 223.

handen sei. Daß die zuerst genannte Thätigkeit jedenfalls kein hypothetisches Urtheil aufstellt, leuchtet ohne Zweifel auf den ersten Blick ein. Wie aber ist sie dann aufzufassen? Zitelmann giebt uns darüber keinen Aufschluß. Unseres Erachtens ist sie ein Gesetz im imperativischen Sinne.

Dagegen gelangt man zu einer anderen Auslegung des in Rede stehenden Satzes, wenn man davon ausgeht, daß Zitelmann im weiteren Verlaufe seiner Betrachtungen das Zugeständniß ganz vergessen zu haben scheint, daß das Rechtsgesetz eine doppelte Bedeutung habe, daß es namentlich auch im Sinne eines Setzenden, also einer Kraft, gebraucht werden könne. Hält man daran fest, daß er wiederholt erklärt: das Rechtsgesetz sei ganz allein ein hypothetisches Urtheil[1]) und gar nichts Weiteres, so ist der ganze betreffende Satz nur dahin auszulegen: Der Gesetzgeber spricht sein Urtheil aus; dieses hat jedoch das Eigenthümliche, daß es die Verknüpfung der Thatsachen selbst erzeugt.

Welche Interpretation man den Ausführungen Zitelmann's aber auch immer geben mag, auf alle Fälle gewähren sie uns keine annehmbare Erklärung für die gesetzgeberische Thätigkeit. Dies wird recht deutlich, wenn man die Behauptung, das Gesetz sei ein hypothetisches Urtheil, im Zusammenhange mit Zitelmann's Auffassung der gesetzlichen Causalität betrachtet. Er sagt[2]) nämlich in letzerer Hinsicht: „Das Gesetz — Naturgesetz wie Rechtsgesetz — ist niemals selbst Ursache der Natur- oder Rechtswirkung; denn es steht über Ursache wie Wirkung und ist selbst nichts, als die Causalbeziehung zwischen beiden, oder, wenn man es personificirt auffaßt, als

---

[1]) Zitelmann, Irrthum und Rechtsgeschäft, S. 204 Abs. 3, 208, ferner S. 222: „Das beweist sich dadurch, daß jeder Rechtssatz ein allgemeines hypothetisches Urtheil ist." Ferner S. 223 u. s. w.

[2]) a. a. O. S. 279 f.; vgl. auch S. 220, 222 ff.

die Macht, welche von zwei Thatsachen die eine zur Ursache der andern als ihrer Wirkung macht, welche die Beziehung zwischen beiden setzt."[1])

[1]) Aehnlich Rosin, Polizeiverordnungsrecht, S. 3. Anm. 11. Zitelmann und Rosin gehen von Schopenhauer aus. Vgl. Schopenhauer, Sämmtliche Werke, herausgegeben von Frauenstädt, 2. Aufl. Bd. I, Ueber die vierfache Wurzel des Satzes vom zureichenden Grunde, S. 34 ff. und 45 f.; derselbe, Die Welt als Wille und Vorstellung, a. a. O. Bd. II, S. 137, 155. S. ferner Fick, Ursache und Wirkung, 2. Aufl. 1882, S. 6 f.; Pernice, Rechtsgeschäft und Rechtsordnung, in Grünhut's Zeitschrift Bd. VII, S. 482 ff., 497 f. Vgl. dagegen in Betreff des Rechtsgesetzes Karlowa, Das Rechtsgeschäft und seine Wirkung, S. 1, s. jedoch a. a. O. S. 4. Dieser Schriftsteller unterscheidet zwischen Willenserklärungen, welche auf eine Rechtswirkung gerichtet sind, und sonstigen juristischen Handlungen bez. Thatsachen; letztere seien bloß Voraussetzungen der Wirkungen, während der Gesetzeswille unmittelbar die betreffende Wirkung an die vollendete Thatsache knüpfe; bei ersteren sei das Geschäft nicht bloß die Voraussetzung und Bedingung, sondern die causa efficiens der Rechtswirkung. Ferner: Windscheid, Pandekten, §. 63 und N. 1 sowie §. 68 N. 1; v. Bar, Die Lehre vom Causalzusammenhange im Rechte, besonders im Strafrechte, S. 10 f.; Schloßmann, Besprechung von Zitelmann's Schrift „Irrthum und Rechtsgeschäft", in Grünhut's Zeitschrift Bd. VII, S. 552 f., läßt den Gesetzesbefehl insofern als Ursache gewisser Wirkungen gelten, als er den Willen der Menschen zu lenken vermag, mithin ein Motiv für das Thun und Lassen ist. — M. E. ist die von Zitelmann u. A. adoptirte Auffassung der Causalität eine nicht zutreffende. Ursache, d. h. das Wirkende, kann nicht ein, an und für sich betrachtet, energieloser Thatbestand, sondern nur eine Kraft sein, und diese kommt nur dem Gesetze zu. Das Gesetz ist, wie erwähnt, ein bedingter Imperativ. Das, was Zitelmann u. A. für die Ursache halten, ist in Wahrheit nur die Bedingung, die Voraussetzung, unter welcher das Gesetz wirken will. Sowohl das Rechtsgesetz wie das Naturgesetz ist als die Ursache der Rechts- und Naturerscheinung zu betrachten. In Betreff des Naturgesetzes übereinstimmend v. Helmholtz, Vorträge und Reden II, 1884, S. 244 f. „Das erste Product des denkenden Begreifens der Erscheinung ist das Gesetzliche. Haben wir es soweit rein ausgeschieden, seine Bedingungen so vollständig und sicher abgegrenzt und zugleich so allgemein gefaßt, daß für alle möglicher Weise eintretenden Fälle der Erfolg ein-

Hier wird abermals anerkannt, daß das Gesetz als eine „Macht" aufzufassen sei. Unwillkührlich wird man die Frage aufwerfen: ist denn ein hypothetisches Urtheil als mit einer Macht begabt zu denken? Oder ist gleichzeitig mit dem Einwirken dieser Macht ein Urtheil über ihre Einwirkung möglich?

Ein Urtheil ist ein Ausspruch über die Existenz der Beziehung eines Prädicats zu einem Subjecte. Soweit befinden wir uns in vollem Einverständnisse mit Zitelmann; auch nach ihm ist ein Urtheil „eine Aussage über eine bereits vor-

---

deutig bestimmt ist, und wir gleichzeitig die Ueberzeugung gewinnen, es habe sich bewährt und werde sich bewähren in aller Zeit und in allen Fällen: dann erkennen wir es als ein unabhängig von unserm Vorstellen Bestehendes an und nennen es die Ursache, d. h. das hinter dem Wechsel ursprünglich Bleibende und Bestehende; nur in diesem Sinne ist meiner Meinung nach die Anwendung des Wortes gerechtfertigt, wenn auch der gemeine Sprachgebrauch es in sehr verwaschener Weise für Antecedenz oder Veranlassung gebraucht. Insofern wir dann das Gesetz als ein unsere Wahrnehmung und den Ablauf der Naturprocesse Zwingendes, als eine unserm Willen gleichwerthige Macht anerkennen, nennen wir es ‚Kraft'". — Ferner v. Helmholtz, Handbuch der physiologischen Optik, 1867, Bd. IX von Karsten's Allgem. Encyclopädie der Physik, S. 454 f.: „Das Gesetz vom zureichenden Grunde ist vielmehr nichts anderes als die Forderung, alles begreifen zu wollen. Das Verfahren unseres Begreifens den Naturerscheinungen gegenüber ist, daß wir Gattungsbegriffe und Naturgesetze zu finden suchen. Naturgesetze sind nichts als Gattungsbegriffe für die Veränderungen in der Natur. Indem wir aber die Naturgesetze als gültig und wirksam betrachten müssen, unabhängig von unserm Beobachten und Denken, während sie als Gattungsbegriffe zunächst nur die Ordnung unseres Denkens betreffen würden, nennen wir sie Ursachen und Kräfte. Wenn wir also Naturerscheinungen nicht auf ein Gesetz zurückführen können, also auch das Gesetz nicht objectiv gültig als Ursache der Erscheinungen hinstellen können, so hört eben die Möglichkeit auf, solche Erscheinungen zu begreifen .... Unser Verstand ist das Vermögen, allgemeine Begriffe zu bilden; er findet an unsern sinnlichen Wahrnehmungen und Erfahrungen nichts zu thun, wenn er nicht allgemeine Begriffe, Gesetze bilden kann, die er dann objectivirt und Ursachen nennt."

liegende Beziehung"[1]) In dem hypothetischen Urtheile wird nun die Existenz der Beziehung zwischen Subject und Prädicat nicht in kategorischer Form behauptet, sondern als von dem Vorhandensein einer Bedingung abhängend prädicirt (wenn — so).[2])

Sehen wir nun, ob der Inhalt einer Rechtsnorm ein derartiger sein kann. Wir nehmen den Fall an, daß der Gesetzgeber eines schweizer Cantons, in welchem die Todesstrafe nicht besteht, dieselbe einführen will und demgemäß ein Gesetz erläßt und darin erklärt: „wenn Jemand (in Zukunft) einen Mord begeht, so soll er mit dem Tode bestraft werden". Liegt darin ein Urtheil? Nein! Zitelmann selbst hat uns ja belehrt, daß ein Urtheil eine Aussage über eine bereits vorliegende Beziehung sei. Nun ruft der Gesetzgeber selbst erst die fragliche Beziehung in's Leben. Wie aber kann ein Urtheil eine Beziehung, über deren Vorhandensein dasselbe lediglich einen Ausspruch thun soll, selbst schaffen[3])? Oder wie ist es denkbar, daß der Gesetzgeber eine Relation schafft

---

[1]) Vgl. Zitelmann a. a. O. S. 222 f., J. St. Mill, System der deductiven und inductiven Logik, übersetzt von Schiel, 4. Aufl. S. 96 ff.

[2]) Nicht jedem hypothetischen Urtheile kommt die Bezeichnung Gesetz zu (Bierling, Zur Kritik der juristischen Grundbegriffe II, S. 278); ersteres ist ein weiterer, letzteres ein engerer Begriff. Der Satz: „wenn die Nacht zu Ende ist, folgt der Tag" (vgl. z. B. Rümelin, Reden und Aufsätze, S. 3; Fick, Ursache und Wirkung, 2. Aufl. S. 3) ist kein Gesetz, denn hiermit ist nur eine chronologische Reihenfolge und keine Causalität ausgedrückt. Es können vielmehr nur diejenigen hypothetischen Urtheile Gesetze sein, in welchen der bedingte Satztheil allgemein die Voraussetzung angiebt, unter welcher der im zweiten Satztheil bezeichnete Thatbestand als eine Wirkung eintritt. Jedoch auch nicht alle derartigen hypothetischen Urtheile sind Gesetze im strengen Sinne des Wortes. Fehlt nämlich die nöthige Bestimmtheit dem Ausspruche, so liegt nur ein Causalsatz vor. Vgl. oben S. 31 N. 1.

[3]) Schloßmann in Grünhut's Zeitschrift Bd. VII, S. 551.

und gleichzeitig hiermit deren Vorhandensein constatirt? Erst muß die Beziehung vorhanden sein, und alsdann erst ist ein Urtheil über ihre Existenz möglich. Zitelmann verwechselt offenbar Rechtssatz und Lehrsatz [1]); wenn Jemand das bezüglich des Mordes in einem Lande geltende Strafrecht referiren will, so kann er sagen: „wer in jenem Staate einen Mord begeht, verwirkt die Todesstrafe"; er hat dann lediglich ein hypothetisches Urtheil ausgesprochen, ohne die Rechtsfolgen des Mordens selbst erst zu begründen [2]). Die legislatorische Thätigkeit besteht aber auf alle Fälle in einem Schaffen durch die Rechtsnorm. Da nach Obigem die Kategorie des Urtheils nicht geeignet ist, uns die Entstehung der Rechtswirkungen oder überhaupt das Wesen des objectiven Rechts verständlich zu machen, so müssen wir uns nach einer andern Erklärung umsehen.

Der Gesetzgeber, welcher eine Norm kundgiebt, thut dies, weil ihm der bisherige Rechtszustand hinsichtlich irgend welcher Lebensverhältnisse nicht zusagt; sein Wille ist darauf gerichtet, eine andere, bessere Ordnung herbeizuführen; er will sein Ziel aber nicht nur erklären und nun Jedermann freistellen, bei der Verwirklichung thätig zu sein oder nicht, sondern er verlangt, daß diejenigen, welche sein Ausspruch angeht, seinen Willen achten, er will sie verpflichten, demselben Folge zu leisten. Da er zu denjenigen, welche die Norm befolgen sollen, in dem Verhältnisse von Herrscher zu Beherrschten steht, so ist es naturgemäß, daß er die Verpflichtung der letzteren durch einen Imperativ erzeugt [3]).

Vgl. Bierling, Zur Kritik der juristischen Grundbegriffe II, 1883, S. 283 ff., 289.

[1]) Schloßmann a. a. O. S. 551; Bierling a. a. O. S. 283.

[2]) Schloßmann a. a. O. S. 551.

[3]) Bierling a. a. O. S. 288: „Wenn der Redende eine Forde-

Es muß demnach jeder Rechtssatz und mithin auch jedes materielle Gesetz einen Befehl ertheilen.

Einem Gesetze, welches weder ein Gebot noch ein Verbot enthält, kommt seine Bezeichnung nur im rein formellen Sinne zu.

Es fällt nicht schwer Beispiele zu finden, welche diese Behauptung veranschaulichen.

§. 2 A.L.R. I, 1 lautet:

> „Die bürgerliche Gesellschaft besteht aus mehrern kleinern, durch Natur oder Gesetz, oder durch beide zugleich, verbundenen Gesellschaften und Ständen."

Das ist die Constatirung eines socialen Zustandes — weiter nichts. Ließe sich etwa behaupten, daß dieser Paragraph, falls er unter Mitwirkung der Volksvertretung erlassen würde, materielles Gesetz sei? Welchen Rechtssatz enthält er? Welche Anordnung? Welche Rechtswirkung?

Einen ganz ähnlichen Charakter hat der Eingang des Art. 62 der Württembergischen Verfassungs-Urkunde:

---

rung an den Willen Jemandes aufstellen will, so liegt zweifellos ein Imperativ vor, und ist der betreffende Satz zunächst nur als solcher aufzufassen." Zitelmann (a. a. O. S. 222) sagt: „Rechtsnormen nun können ihrem Wesen nach niemals Imperative sein, schon um deßhalb nicht, weil sie allgemein gelten wollen." Richtig Schloßmann (a. a. O. S. 551): „Aber das Gesetz ist Rechtsquelle; es will gewisse rechtliche Beziehungen erzeugen, und diese schöpferische Kraft liegt in seiner Eigenschaft als eines Imperatives. Wie die Allgemeinheit und die hypothetische Form des Gesetzes ihm den Charakter eines Imperatives rauben und es zu einem Urtheil sollen verwandeln können, das ist schlechtweg nicht einzusehen. Kann ich an eine bestimmte einzelne Person einen Befehl erlassen, so kann ich es auch an eine bestimmte oder zunächst unbestimmte, aber nach gewissen Momenten bestimmbare Mehrzahl von Personen (an die Bürger des Staates, an alle, welche das Land betreten u. s. w.). Kann ich an eine Person einen bedingten Befehl erlassen, so kann ich es auch an eine Mehrheit von Personen."

„Die Gemeinden sind die Grundlage des Staatsvereins ...“

Diese Stelle giebt eine politische Ansicht des Gesetzgebers wieder[1]), und er führt dieselbe nur an als Motiv des nachfolgenden Rechtssatzes, daß jeder württembergische Unterthan einer Gemeinde angehören müsse[2]).

Fernere Beispiele für Gesetze, welche aus dem Grunde nur eine rein formelle Beschaffenheit haben, weil sie der imperativischen Natur entbehren, sind die sog. instructionellen Bestimmungen[3]) der C.P.O. und St.P.O. mit dem Wörtchen „soll“. Dahin gehören:

§. 230 Abs. 3 C.P.O.: „In der Klageschrift soll ferner der Werth des nicht in einer bestimmten Geldsumme bestehenden Streitgegenstandes angegeben werden, wenn die Zuständigkeit des Gerichts von diesem Werthe abhängt.“[4])

§. 266 Abs. 3 St.P.O.: „Die Gründe des Strafurtheils müssen ferner das zur Anwendung gebrachte Strafgesetz bezeichnen und sollen die Umstände an-

---

[1]) Vgl. v. Gerber, Grundzüge, 3. Aufl. 1880, S. 61 Anm. 2.

[2]) Art. 62 a. a. O. (Störk, Handbuch der Deutschen Verfassungen, S. 179): „Die Gemeinden sind die Grundlage des Staatsvereins. Jeder Staatsbürger muß daher, sofern nicht gesetzlich eine Ausnahme besteht, einer Gemeinde als Bürger oder Besitzer angehören.“

[3]) v. Wilmowski und Levy, Commentar, 4. Aufl. §. 511 N. 4, S. 671: „bloß instructionelle Bestimmungen, d. h. solche, deren Beobachtung das Gesetz nur als zweckmäßig oder wünschenswerth (in der C.P. mit dem Wörtchen „soll“), nicht als nothwendig vorschreibt, sind jedoch überhaupt keine Normen des Rechts. Unter den Commentatoren herrscht darüber seltene Einmüthigkeit, daß die Verletzung solcher Vorschriften die Revision nicht begründet.“ Vgl. dazu Heilbut im Archiv f. civ. Pr. Bd. 69, S. 415 ff.

[4]) v. Wilmowski und Levy a. a. O. §. 230 N. 8; Struckmann und Koch, Commentar, 4. Aufl. §. 230 N. 9 a. E.

führen, welche für die Zumessung der Strafe bestimmend gewesen sind." [1])

Daß der letzte Theil des §. 266 Abs. 3 keine Rechtsnorm enthält, wird ausdrücklich anerkannt in einem Urtheile des R.G.'s vom 10. Februar 1882; es heißt darin:

„Der §. 266 Abs. 3 St.P.O. schreibt zwar vor, daß die Urtheilsgründe sich auch über die Umstände, welche für die Zumessung der Strafe bestimmend gewesen sind, aussprechen sollen, allein das dabei gebrauchte nur instructionelle „sollen" verleiht dieser Bestimmung den Charakter einer bloßen Ordnungsvorschrift, deren Nichteinhaltung nicht als Verletzung einer Rechtsnorm im Sinne des §. 376 St.P.O. erscheint, mithin auch nicht zur Aufhebung des angefochtenen Urtheils führen kann." [2])

---

[1]) S. auch §. 266 Abs. 1. — Löwe, Commentar zur St.P.O. 4. Aufl. §. 266 N. 5, S. 547.

[2]) Entscheid. d. R.G. in Str.S. Bd. VI, S. 27. — §. 376 St.P.O. schreibt vor, daß die Revision nur darauf gestützt werden könne, daß das Urtheil auf der Verletzung eines Gesetzes beruhe; „Das Gesetz ist verletzt, wenn eine Rechtsnorm nicht oder nicht richtig angewendet worden ist." Die Unzulässigkeit der Revision kann nun nicht so erklärt werden, daß §. 266 Abs. 3 St.P.O. zwar eine Rechtsnorm, aber nur nicht im Sinne des §. 376 a. a. O. sei. Die Revision ist vielmehr im Princip hinsichtlich aller processualen Rechtsnormen zulässig. (S. Motive zum Entwurf einer St.P.O. in Hahn, Die ges. Materialien zu d. R.-Justizgesetzen Bd. III, 1, S. 251: „Der Ausdruck »Rechtsnorm« wird hier im weitesten Sinne verstanden. Er umfaßt nicht bloß die ausdrücklichen Bestimmungen der Gesetze, sondern auch alle Grundsätze, welche sich aus dem Sinne und Zusammenhange der gesetzlichen Vorschriften ergeben. Der Entwurf unterscheidet auch nicht zwischen den Normen des materiellen Rechts und des Proceßrechts, und grundsätzlich ist keine Proceßvorschrift von der Begründung der Revision ausgeschlossen.") Die Unzulässigkeit der Revision im vorliegenden Falle ist nur darauf zurückzuführen, daß §. 266 Abs. 3 a. a. O. überhaupt keine Rechtsnorm enthält. Der Grund hierfür ist darin zu finden, daß der Gesetzgeber keinen Befehl, sondern nur einen Wunsch ausspricht. S. oben S. 40 N. 3.

In dieselbe Kategorie fallen kurzweg zahlreiche Gesetze, soweit sie Motive, politische Programme[1]), Constatirungen, Lehrsätze, Rubriken, systematische Eintheilungen[2]) u. s. w. enthalten.

---

[1]) Ein vortreffliches Beispiel für politische Programme in Gesetzesform findet sich bei Laband, Zur Lehre vom Budgetrecht, Archiv für öffentliches Recht I, S. 183. Es heißt daselbst: „In Preußen ist am 4. Juni 1876 ein aus zwei Paragraphen bestehendes Gesetz erlassen worden. Der erste Paragraph erklärt die Staatsregierung für ermächtigt, mit dem Deutschen Reich Verträge abzuschließen, durch welche die Rechte des Staates an Eisenbahnen auf das Reich übertragen werden. Diese Rechte werden unter vier Ziffern aufgeführt. Der zweite Paragraph fügt die Bemerkung hinzu:

> „Bezüglich der in §. 1 unter 1, 3, 4 erwähnten Vereinbarungen bleibt die Genehmigung der beiden Häuser des Landtages vorbehalten."

Wenn wir die verhältnißmäßig ganz unerhebliche Ziffer 2 des §. 1 außer Betracht lassen, so gleicht dieses Gesetz jenem Geschäftsbriefe mit dem Postscriptum: „Ich widerrufe Alles". Die im §. 1 ertheilte Ermächtigung wird im §. 2 wieder zurückgenommen. Daß die Regierung Verträge unter dem Vorbehalt der Genehmigung des Landtages abschließen kann, ist selbstverständlich. Ein Gesetz, welches dies in einem einzelnen Fall constatirt, enthält keine Anordnung, ertheilt keine Ermächtigung, kein Verbot, keinen Befehl, es ist vollkommen inhaltslos. .... Das Gesetz vom 4. Juni 1876 ist inhaltlich völlig gleichbedeutend mit einer Resolution; die Form des Gesetzes ist gewählt worden, um dem Reichstag und Bundesrath gegenüber darauf hinweisen zu können, daß die preußischen Gesetzgebungs-Factoren bereit sind, in die Uebertragung der preußischen Eisenbahnen an das Reich einzuwilligen."

[2]) Vgl. Eisele, Unverbindlicher Gesetzesinhalt (Prorectorats-Programm der Universität Freiburg, 1885), erblickt u. a. in folgenden Fällen keine Aeußerungen gesetzgeberischer Thätigkeit: in Classificationen, a. a. O. S. 39 ff. (z. B. art. 649 code civil: „Les servitudes établies par la loi ont pour objet l'utilité publique ou communale, ou l'utilité des particuliers), in systematischer Anordnung des Stoffs, a. a. O. S. 44 f., in Definitionen, S. 45 ff., in juristischen Constructionen, S. 49 ff., in Lehrsätzen, S. 60 f. — Diese Behauptungen sind jedoch nur mit einer Einschränkung richtig; es ist nämlich in den angeführten Fällen möglich, daß der Gesetzgeber mit seiner Thätigkeit einen Befehl verbindet; er kann z. B. durch die Definition

Eine Fülle derartiger Beispiele bieten die Gesetzbücher des Orients.

„Code Civil Ottoman. Livre I[er.] Dispositions préliminaires. — De la vente. Sanction de S. M. J. Le Sultan: »Qu'il soit fait en conformité du contenu.« §. 1 Article I.[1]): Le droit musulman est la science de la jurisprudence musulmane. . . . l'espèce humaine ne peut se conserver que par la conservation des individus qui la composent . . . Mais comme chacun recherche toujours ce qui lui est avantageux et voudrait satisfaire sans entrave

---

eines Rechtsinstituts anordnen, daß die für letzteres geltenden Rechtssätze auf alle diejenigen Fälle keine Anwendung finden sollen, welche nicht unter die Definition zu subsumiren sind; er kann durch die Einstellung eines Rechtsinstituts in eine bestimmte Rubrik des Systems den Willen kundgeben, daß die für jene Rubrik geltenden allgemeinen Vorschriften auch auf das eingestellte Rechtsinstitut Anwendung finden sollen; dann ist seine Thätigkeit eine rechtserzeugende und darum wahrhaft gesetzgeberische. — Ueber nicht normativen Gesetzesinhalt s. auch Wach, Handb. d. D. Civilproceßr. I, S. 267 f., 280, wo treffend hervorgehoben wird, daß falschen Rubriken und begrifflichen Constructionen keine gesetzliche Kraft zukomme. Z. B. sagt Wach (S. 280; s. C.P.O. vor §. 74): „Als fehlerhaft ist u. a. zu bezeichnen die Rubrik . . . »Proceßbevollmächtigte und Beistände«: es müßte heißen »Stellvertreter und Beistände«; die vollmachtlose Vertretung (§. 85) ist übersehen." — Soweit überhaupt ein legislatorischer Irrthum vorliegt, entsteht kein Rechtssatz (s. dagegen Binding, unten S. 136); z. B. I, 5 A.L.R. §. 413: „Inwiefern obige Vorschriften (§. 396 sqq.) auch im kaufmännischen Verkehr stattfinden, soll unten näher verordnet werden (Th. II, Tit. 8)." Die hier versprochenen Modificationen sind späterhin vergessen worden (vgl. Koch, A.L.R., zu I, 5 §. 413); der cit. §. 413 ist daher kein materielles Gesetz.

[1]) Code Civil Ottoman, traduit par Vitchen Servicen, Constantinople. 1872, S. 19 f. — S. auch Constitution Française, 3—13. Septembre 1791 (in Hélie, Les Constitutions de la France, 1880; Tripier. Constitutions qui ont régi la France depuis 1789, deux. édit. 1879). Déclaration des droits de l'homme et du citoyen.

tous ses désirs, pour empêcher qu'on n'agisse contre l'équité et l'ordre constitué, il a dû être établi des lois.“

Article 388. „Le contrat de commande est une espèce de vente, dans laquelle on charge un artisan, qui l'accepte, de confectionner un objet déterminé à un prix convenu.“ (Rechtssatz).

„C'est ce qui arrive, par exemple, lorsque, s'adressant à un cordonnier, on lui dit: »Faites-moi pour tel prix et à la mesure de mon pied une paire de chaussures en maroquin de telle qualité«, et que le cordonnier accepte cette proposition.“ [1])

Code Pénal Ottoman. Qu'il soit fait en conformité du contenu.

Art. 1. „Il appartient à l'Etat de punir aussi bien les attentats dirigés contre les particuliers, en raison du trouble qu'ils apportent à la tranquillité publique, que ceux directement commis contre l'Etat lui-même.“ [2])

Nouveau Code du Montenegro du 23. avril 1855, art. 7: „Si, pendant une délibération, un juge commence à défendre une des parties sans donner des raisons valables et qu'il ne veuille pas se soumettre aux idées de ses col-

---

Art. 12. „La garantie des droits de l'homme et du citoyen nécessite une force publique . . .“, Art. 16 „Toute société dans laquelle la garantie des droits n'est pas assurée, ni la séparation des pouvoirs déterminée, n'a point de constitution.“

[1]) a. a. O. S. 80.

[2]) Législation Ottomane par Aristarchi Bey (Grégoire) publiée par Demétrius Nicolaïdes. II. Constantinople, 1874, S. 212.

lègues, mais qu'il cherche à faire prévaloir ses paroles et non les raisons de ceux qui pensent juste, ce juge se déclare alors ouvertement partial et suborné, et non, par conséquent, un vrai juge et chef du peuple." [1])

Bei allen diesen Stellen ist die rein formell-gesetzliche Beschaffenheit derselben eine gradezu in die Augen springende. Wenn gesagt wird, daß das muhammedanische Recht dasselbe sei wie die muhammedanische Jurisprudenz, so ist ein derartiger Lehrsatz um so mehr ohne alle rechtliche Wirksamkeit und Bedeutung, als er durchaus irrig ist; das Recht im objectivem Sinne ist keinenfalls identisch mit Rechtswissenschaft. Die Behauptung, daß ein Richter, welcher ohne Angabe zutreffender Gründe den einen der streitenden Theile in Schutz nimmt, parteiisch und nicht als ein „wahrer Richter" erscheine, ruft keinerlei Rechtsfolgen in's Leben und gehört überhaupt nicht in ein Gesetzbuch.

Nicht so einfach ist es, die Natur eines Gesetzes zu bestimmen, welches zwar einen Befehl ertheilt, aber an die Uebertretung desselben keine Zwangsfolgen knüpft [2]). Es

---

[1]) a. a. O. S. 119.

[2]) Bergbohm, Staatsverträge und Gesetze als Quellen des Völkerrechts, 1876, S. 52, 53 f., verlangt, daß das Gesetz einen Zusammenhang von Ursache und Wirkung ausdrücke; hiervon ausgehend unterscheidet er zwischen dem Rechtssatze, d. i. einer Regel für Handlungen (S. 52), und dem Gesetze, welches einen Rechtssatz sowie ferner einen Ausspruch über die Rechtsfolgen (S. 53, 55) enthalten müsse. Die mitgetheilte Bergbohm'sche Ansicht würde zutreffend sein, wenn Rechtsgesetze hypothetische Urtheile wären; da wir sie aber als Imperative, als treibende Kraft auffassen müssen, was Bergbohm zugiebt, indem er in den Rechtsgesetzen ein Gebot oder Verbot (S. 53) sowie „eine Tendenz zur Hervorbringung einer Wirkung" (S. 56) erkennt, so braucht das Gesetz keinen Ausspruch über die Rechtswirkung zu enthalten; es muß nur eine Rechtswirkung haben, und diese besteht darin, daß es zur Befolgung ver-

handelt sich bei einer derartigen Bestimmung darum, ob eine lex imperfecta einen Rechtssatz enthält, ob ihr Befehl ein Rechtsbefehl ist.

Von diesen beiden Begriffen, Befehl und Rechtsbefehl, ist ersterer der weitere Begriff, da er den letzteren als eine besondere Unterart umfaßt. Es kommt also zunächst auf die Bestimmung des Befehls im allgemeinsten Sinne an, weil dessen Eigenschaften auch dem engeren Begriffe des Rechtsbefehls innewohnen müssen.

Der Befehl ist eine auf ein Zwangsmittel sich stützende Willenserklärung des Inhalts, daß ein Anderer als der Erklärende etwas Mögliches thun, dulden oder unterlassen solle.

Wesentliche Elemente der anordnenden Willensentschließung sind zunächst: die Aeußerung eines bestimmten Willensinhalts und die Erklärung, daß derselbe befolgt werden müsse. Sodann erfordert der Befehl, da er ein Verhältniß von Gehorchen-Müssen oder -Sollen schafft, daß mindestens zwei Personen vorhanden sind: eine, welche die Anordnung erläßt, und eine andere, an welche sie sich richtet. Als ferneres Requisit kommt das Zwangsmittel in Betracht, welches dem Willen des Erklärenden den erforderlichen Nachdruck verleiht. Die Thatsache, daß der Anord-

---

pflichtet und ev. daß es befolgt wird. Abgesehen davon führt die Bergbohm'sche Ansicht zu dem unmöglichen Resultate, daß zahlreiche Verfassungsbestimmungen als leges imperfectae gar nicht Gesetze wären. Vgl. übrigens Bierling, Zur Kritik der juristischen Grundbegriffe II, S. 11 Note. S. ferner v. Sarwey in Marquardsen's Handbuch I, 2, S. 7 Anm. 1, welcher die leges imperfectae für die einzige Art von Gesetzen erklärt, welche nur formelle und nicht zugleich materielle Gesetze sind. (S. jedoch desselben Verfassers Staatsrecht des Königreichs Württemberg Bd. II, 1883, S. 6 Anm. 3, wo zugestanden wird, daß auch Specialgesetze nur formell, nicht ihrem Inhalte nach, Gesetze seien.)

nende ein Zwangsmittel gegen denjenigen besitzt, welcher gehorchen solle, genügt an sich indessen noch nicht; der Inhaber des Zwangsmittels muß auch die Absicht haben, davon Gebrauch zu machen und auf dieselbe ausdrücklich oder stillschweigend Bezug nehmen. Es ist eine Grundbedingung, daß die Möglichkeit der Befolgung vorliege. Die Unmöglichkeit der Erfüllung schließt das Zwangsmittel zur Herbeiführung des Gewollten aus; etwas Unmögliches kann nicht „befohlen" werden. Dagegen ist die concrete Erzwingbarkeit, die thatsächliche Herbeiführung des Gehorsams, kein essentiale des Befehls; dieser verliert nicht seine Natur dadurch, daß er nicht befolgt wird. Aber ein Zwangsmittel muß unter allen Umständen vorhanden sein, soll ein Befehl ertheilt werden; wer weder die autoritative noch die physische Macht besitzt, welche zu bewirken strebt, daß ein Anderer etwas thue, dulde oder unterlasse, kann diesem nicht gebieten oder verbieten; eine unter solchen Umständen erlassene Aufforderung ist nur ein Wunsch, aber kein Befehl.

Die Zwangsmittel können physische oder psychische sein.

Wie der Stärkere dem Schwächeren, der sich seiner Gewalt nicht entziehen kann, so vermag der Bewaffnete dem Wehrlosen, eine Räuberbande dem unbewaffneten Wanderer zu gebieten. Nicht minder verleihen psychische Zwangsmittel einem Befehle Nachdruck und Kraft; auch die sittliche Ueberzeugung, daß ein mit Autorität ausgestatteter Wille beachtet werden müsse, sowie die Furcht vor Gewalt sind im Stande die Befolgung zu bewirken.

Es ist bisher nur der Befehl im allgemeinsten Sinne abgehandelt worden; dieser ist zweifacher Art; er kann nämlich von dem Befehlenden in der Ueberzeugung von seiner Gerechtigkeit oder allgemeinen Zweckmäßigkeit, nicht minder jedoch, im Gegensatze hierzu, aus Willkühr erlassen werden. Der Rechtsbefehl gehört der erstgenannten Art an. Der Gesetzgeber, welcher einen normativen Willen ausspricht, muß sich dabei von Erwägungen[1]) der Gerechtigkeit oder allgemeinen Zweckmäßigkeit leiten lassen; sonst wäre sein Wort nur ein Machtsatz[2]) und niemals ein Rechtssatz. Aber das hat der Imperativ des letzteren mit jedem Befehle gemein: er muß mit einem psychischen oder physischen Zwangsmittel ausgestattet sein. Der Staat hat beides; in psychischer Hinsicht wirkt die Furcht vor der Strafe, und zwar zunächst und vor der Anwendung der Gewalt; beiderlei Mittel können auch hier versagen[3]), aber nichtsdestoweniger behält auch der Rechtsbefehl seine Eigenschaft als solcher.

Es ist jedoch vielfach die Behauptung aufgestellt worden, daß der Zwang ein wesentliches Erforderniß des Rechts sei[4]).

---

[1]) Es kommt nicht darauf an, ob die Gerechtigkeit und allgemeine Zweckmäßigkeit objectiv vorhanden sind; wenn sich herausstellt, daß die Elle als Maßeinheit unzweckmäßig und daher durch eine andere Maßeinheit zu ersetzen ist, so kann nicht die Rede davon sein, daß die Norm, welche die Elle als gesetzliches Maß festsetzte, kein Rechtssatz gewesen sei.

[2]) Ueber rechtmäßige und usurpirte Ausübung der Staatsgewalt vgl. Brie, Die Legitimation einer usurpirten Staatsgewalt, 1866.

[3]) Brinz, Pandekten, 3. Aufl. I, S. 106 f „Hinwiederum aber, während die Verwirklichung dem Naturgesetze nie versagt, bleibt der Rechtszwang häufig aus, es sei nun, daß der Berechtigte selbst den „Kampf um's Recht" nicht aufnimmt, oder daß die Genossen sein Recht verkennen oder verachten, oder daß menschliche Gewalt überhaupt nicht ausreicht."

[4]) Vgl. statt Aller: Rümelin, Reden und Aufsätze, N. F. S. 327, Lasson, System der Rechtsphilosophie, S. 206, 207; derselbe, Das Culturideal und der Krieg, S. 7, 8; Zorn, St.R. I, 99, 100 N. 3, 101; Wach, Defensionspflicht und Klagerecht, in Grünhut's Zeitschrift Bd. VI, N. 11 S. 538 f; Pernice, Rechtsgeschäft und Rechtsordnung, in Grünhut's Zeitschrift Bd. VII, S. 474 f. — Zahlreiche andere Schriftsteller dagegen halten den Zwang nicht für ein Erforderniß des Rechts: Vgl. z. B. Thon, Rechtsnorm und subjectives Recht, S. 7; derselbe, Der

Was zunächst das Wort „Zwang" betrifft, so ist vorweg entgegen zu halten, daß es durchaus ungenau ist. Man mag allenfalls einen Streit darüber für zulässig erachten, ob dem Rechtsbefehle ein physisches Zwangsmittel zur Seite stehen müsse; daß aber der „Zwang" ein wesentliches Erforderniß des Rechts sei, kann nur dann behauptet werden, wenn man sich nicht ganz streng an die begriffliche Bedeutung dieses Wortes hält.

Unter Zwang verstehen wir die Beugung eines widerstrebenden Willens oder die Ueberwindung seiner Bethätigung[1]). Nach dem Sprachgebrauche bezeichnet das Wort auch die Macht[2]), welche entweder einen widerstrebenden Willen bewältigt oder die Bethätigung desselben überwindet.

In keinem Falle nun — weder im Sinne von Beugung

Rechtsbegriff, in Grünhut's Zeitschrift Bd. VII, S. 244 ff.; Bierling, Zur Kritik der juristischen Grundbegriffe I, S. 139 ff., 147 ff.; Binding, Handbuch des Strafrechts I, S. 161, 162, 164 N. 27 u. A. m.

[1]) v. Ihering, Der Zweck im Recht I, 2. Aufl. S. 234 versteht unter Zwang nur die Bewältigung eines fremden Willens. Diese Definition ist zu eng; wenn ich Jemand gegen seinen Willen verhindere, ein Zimmer zu verlassen, so unterwerfe ich ihn einem Zwange; es ist aber dabei nicht nothwendig, daß ich seinen Willen beuge; möglicherweise überwinde ich nur die Bethätigung desselben. Es ist daher erforderlich, in die Begriffsbestimmung das fernere Moment der Willensbethätigung aufzunehmen.

[2]) In diesem Sinne ist das Wort z. B. in der Redewendung „einen Zwang ausüben" gebraucht, ferner in zahlreichen Aeußerungen von Schriftstellern, welche erklären, der „Zwang" sei ein Erforderniß des Rechts; auch v. Ihering verwendet das Wort in diesem Sinne, obschon er den Zwang nur als Beugung definirt. S. z. B. a. a. O. S. 320: „Nur diejenigen von der Gesellschaft aufgestellten Normen verdienen den Namen des Rechts, welche den Zwang, oder, da, wie wir gesehen haben, der Staat allein das Zwangsmonopol besitzt, welche den Staatszwang hinter sich haben." Unrichtig ist, daß der Staat das Zwangsmonopol besitze; man denke an Nothwehr, Privatpfändung rc. Vgl. Förster, Preuß. Privatrecht, 4. Aufl. I, S. 260 ff.

noch von Macht, welche thatsächlich überwindet — ist der Zwang dem Rechtsbegriffe immanent. Der Rechtsbefehl ist keineswegs stets von elementarer, unabänderlicher Gewalt; in der Regel wohnt ihm nur eine Tendenz zur Herbeiführung des Erstrebten inne.

Das Gesetz sagt z. B. in §. 242 St.G.B.'s dem Gesetzesunterthan: „Du sollst nicht stehlen". Tägliche Diebstähle beweisen, daß hier der Staat nicht in der Lage ist, die Befolgung seines Willens stets zu erreichen. Die Strafandrohung ist, ebenso wie die durch sie erzeugte Furcht vor der Strafe, ein psychisches Zwangsmittel, welches die künftige Befolgung des Verbots zwar bewirken will, aber nicht immer bewirkt. Die Feststellung der Strafe durch den Richter und die darauf folgende Vollstreckung sind in Bezug auf die ihnen in concreto zu Grunde liegende Rechtsverletzung überhaupt keine Zwangsmittel [1]): sie können den verübten Diebstahl nicht ungeschehen machen; wohl aber sind Festsetzung und Vollstreckung der Strafe hinsichtlich der Verhinderung künftiger Verbrechen Zwangsmittel, wenn auch insofern nur mittelbare, als sie nicht an sich allein, sondern erst durch Erregung von Furcht wirken.

Weder die Uebertretung der Verbote des Strafgesetzbuchs und der Polizeiverordnungen wird vom Staate allenthalben verhindert, noch die Befolgung aller Gebote, z. B. des Privatrechts herbeigeführt. Welcher Zwang steht denn dem Recht zur Seite, um den Maler gegen seinen Willen zur contractmäßigen Anfertigung eines Bildes zu nöthigen? Auch hier sehen wir den Rechtssatz nur ausgerüstet mit Zwangsmitteln: der Maler wird seiner Verpflichtung vielleicht nachkommen aus Furcht, Rechtsnachtheile erleiden zu müssen.

---

[1]) S. Thon, Der Rechtsbegriff, in Grünhut's Zeitschrift Bd. VII, S. 245 f.; Rümelin, Reden und Aufsätze, N. F. S. 337.

Die Androhungen von Strafen in den Strafgesetzen, die Bestimmungen über Ungültigkeit, Nichtigkeit und über Schadenersatzpflicht in dem Privatrechte, sie alle sind nur Zwangsmittel für die Befolgung des staatlichen Willens, und ihr Vorhandensein beweist nur, daß die durch sie geschützten Befehle nicht stets erzwingbar sind.

Alle diese Thatsachen sind so offenkundig, daß der Zwang, in der hier festgestellten Bedeutung, als Erforderniß des objectiven Rechts nicht angesehen werden kann.

In seinem geistvollen Buche „Der Zweck im Recht" hat neuerdings v. Jhering eine Zwangstheorie aufgestellt und mit besonderem Nachdruck vertreten [1]; er erklärt [2]: „Der Weg, den ich für den allein richtigen halte, besteht in dem Festhalten an dem Zwange als wesentlichem Erforderniß des Rechts, aber in Verbindung mit der Erkenntniß, daß sich der Organisation desselben in jenen beiden Verhältnissen (völkerrechtlichen und staatsrechtlichen) Hindernisse entgegenstellen, die sich einmal nicht überwinden lassen."

Man wird wohl diesen Ausführungen gegenüber nicht fehlgehen, wenn man annimmt, daß v. Jhering bei denselben überhaupt nicht den eigentlichen Zwang, sondern nur die physischen Zwangsmittel des Staates im Auge gehabt hat [3]. Allein auch gegen diese Auffassung sprechen die erheblichsten Bedenken. Zunächst sei übrigens erwähnt, daß v. Jhering sich eines Widerspruchs schuldig macht. Er führt die verschiedenen Theorien auf [4], welche sich hinsichtlich der

---

[1]) v. Jhering, Der Zweck im Recht I, 2. Aufl. S. 323 ff., 335 ff. Vgl. auch unten Cap. V a. A.

[2]) v. Jhering, a. a. O. S. 325.

[3]) Vgl. hierzu Thon, Der Rechtsbegriff, in Grünhut's Zeitschrift Bd. VII, S. 244 f.

[4]) v. Jhering, a. a. O. S. 323 ff.

zur Erörterung stehenden Lehre gebildet haben: die erste spricht den Bestimmungen, für deren Befolgung der Staat keine Gewähr bietet, den Charakter von Rechtssätzen ab: die zweite läßt das Moment des staatlichen Schutzes für den Rechtsbegriff fallen; die dritte ist die oben bereits mitgetheilte dogmatische Ansicht, welche v. Jhering vertritt, und hier behauptet er ganz allgemein: der Zwang sei ein wesentliches Erforderniß des Rechts, er fügt jedoch — hiermit in Widerspruch tretend — sofort hinzu: daß das Fehlen jenes äußeren Moments bei völkerrechtlichen und Verfassungs-Normen diesen die Eigenschaft des Rechts nicht raube[1]). Ist die letztere Annahme gerechtfertigt, so geht es nicht an, den Zwang als ein essentiale hinzustellen: denn der Begriff des Rechts ist ein einheitlicher. Folgerichtiger verfahren daher diejenigen, welche alle zwangslosen Bestimmungen in das Gebiet der Moral oder Sitte verweisen; allein, indem sie die Rechtsnatur der gewichtigsten Normen, insbesondere derjenigen preisgeben, welche das Leben der Staaten in ihren inneren und äußeren Beziehungen regeln, bringen sie einem Princip zu Liebe ein Opfer, zu dessen Größe die Nützlichkeit des verfochtenen Princips in keinem rechtfertigenden Verhältnisse steht.

Die Behauptung, daß der staatliche Machtschutz allem Recht eigen sei, ist gänzlich unbegründet.

Wie es für den Begriff des Befehls im allgemeinsten Sinne hinreicht, daß derselbe mit einem psychischen Zwangsmittel ausgestattet ist, so genügt dies auch für den engeren Begriff des Rechtsbefehls. Wer in den physischen

---

[1]) v. Jhering a. a. O. S. 329: „Wir gelangen demnach zu dem Resultat, daß es innerhalb der Rechtsordnung Punkte giebt, wo der Zwang versagt.“ Ferner a. a. O. S. 324 f.: „Der rechtliche Charakter des Völkerrechts sowohl wie der den Monarchen betreffenden Bestimmungen der Verfassung kann nicht Gegenstand des Zweifels sein.“

Zwangsmitteln ein essentiale des Rechts sieht, der muß consequenter Weise zu dem unannehmbaren [1]) Resultate kommen, daß einem großen Theile der Verfassungsnormen die Qualität des Rechts fehlt.

Zunächst versagt [2]) hier die Gewalt nicht nur gegen den Herrscher, welcher ja unverantwortlich sein soll, sondern auch gegen andere gesetzgebende Factoren. Auch z. B. dem preußischen Herrenhause legen Vorschriften der Verfassung Pflichten auf; und sollte diese Körperschaft die letzteren nicht achten und dagegen verstoßen, so giebt es doch keinerlei physische Zwangsmittel zur Verwirklichung des gesetzgeberischen Willens.

Die Gewalt versagt ferner gegen die Geschworenen und die Schöffen. Das Gesetz befiehlt denselben nach freier Ueberzeugung zu entscheiden; jedoch es enthält keinerlei Androhung, um sie zu bestimmen, diese Entscheidung nach bestem Wissen zu treffen. Indessen ein Zwangsmittel finden wir auch hier, und zwar ein psychisches, in dem Rechtsgewissen der Geschworenen und Schöffen. Wer wollte darum dem Satze, daß jene nach ihrer freien Ueberzeugung urtheilen sollen, den Charakter eines Rechtssatzes absprechen?

Vollends versagt der Staat unter Umständen die Anwendung von Gewalt hinsichtlich der Uebertretung mancher Befehle der Strafgesetzbücher; dahin gehören die Bestimmungen über fahrlässige Delicte, in welchen die Strafandrohung nicht so weit reicht wie das Verbot. Das Gesetz verbietet die fahrlässige Handlung oder Unterlassung. Die Fahrlässigkeit ist begangen in dem Augenblick, in welchem Jemand die zu

---

[1]) Ebenso Thon, Der Rechtsbegriff, in Grünhut's Zeitschrift Bd. VII, S. 251 Anm. 22; Rümelin, Reden und Aufsätze, N. F. S. 337; a. A.: Wach, Defensionspflicht und Klagerecht, in Grünhut's Zeitschrift Bd. VI, Anm. 11 S. 539 a. E.

[2]) v. Jhering a. a. O. S. 323, 327 f.

vermeidende Handlung vornahm oder die den Umständen nach gebotene Handlung unterließ. Man kann unzweifelhaft fahrlässig gehandelt haben, ohne daß der vom Gesetz nicht gewollte Erfolg eintritt; alsdann ist nichtsdestoweniger das Gesetz übertreten. Beispielsweise bedroht §. 230 St.G.B.'s die durch Fahrlässigkeit verursachte Körperverletzung eines Andern. Derjenige, welcher einen Blumentopf vor das Fenster stellt, muß sich bei gehöriger Aufmerksamkeit sagen, daß ihn möglicherweise ein Windstoß auf einen Vorübergehenden werfen wird. In diesem Thatbestande ist u. a. der Windstoß ein berechenbarer äußerer Umstand. Nun enthält jede Norm einen Befehl; will ich also aus §. 230 St.G.B.'s einen Befehl construiren, so habe ich zu beachten, daß sich derselbe nicht gegen äußere Umstände oder Zufälle, wie z. B. den Windstoß, sondern einzig und allein an mein Handeln richten kann; es ist also nur die Möglichkeit gegeben, meine fahrlässige Handlungsweise zu verbieten, welche in Verbindung mit jenem für mich voraussehbaren äußeren Umstande möglicherweise einen Schaden herbeiführen wird. In Bezug auf das gewählte Beispiel lautet demnach die Norm: begehe keine derartige Handlung, welche geeignet ist bei Hinzutritt eines berechenbaren Umstandes einen Andern zu verletzen.

Nicht jede Uebertretung dieser Vorschrift ist aber mit einem Rechtsnachtheile bedroht. Für die Strafbarkeit ist die Handlung nicht allein, sondern nur in Verbindung mit dem schädigenden Erfolge maßgebend. Gleichwohl wird man aber auch die nicht strafbare Uebertretung des Verbots als eine Rechtsverletzung ansehen müssen [1]).

---

[1]) Einen ähnlichen Fall bietet ferner §. 48 St.G.B.'s, welcher denjenigen mit Strafe bedroht, welcher einen Anderen „zu der von demselben begangenen strafbaren Handlung" vorsätzlich bestimmt hat. Der Imperativ dieser Norm kann nur lauten: „Du sollst nicht vorsätzlich

Die Zwangstheorie, welche die Rechtsnatur des Völkerrechts und der wichtigsten Verfassungsnormen ohne Bedenken preisgiebt, verfolgt allein einen systematischen Zweck. Eine noch weit verbreitete Anschauung glaubt nämlich einen Unterschied insbesondere zwischen Moral und Recht[1]) nur construiren zu können, wenn man annehme, daß erstere nur das psychische Zwangsmittel des Gewissens kenne, daß zu einer Norm dagegen ein anderes, äußeres Element hinzutreten müsse, solle ihr der Charakter des Rechts zukommen. Sobald nun der Nachweis gelingt, daß zu einer Auseinanderhaltung beider in Rede stehenden Begriffe ganz andere Merkmale genügen, ja sogar ausschlaggebend sind, so ist damit der Zwangstheorie der wesentlichste Grund ihrer Existenzberechtigung entzogen.

Der Grundfehler, in welchen die Gegner verfallen sind, ist darin zu finden, daß sie dem Moralgebote nicht den Rechtssatz, sondern nur den Rechtsbefehl gegenübergestellt haben; es ist dabei übersehen, daß der erstere noch ein Weiteres zum Inhalte hat, nämlich eine Gewährung. Und auf der Verbindung und gegenseitigen Beziehung von Befehl und Gewährung beruht die Eigenthümlichkeit des objectiven Rechts, im Gegensatze zur Moral, welche eine derartige Verschmelzung nicht kennt. Die Moral macht mir das Gute um dieser Eigenschaft und um meiner selbst willen zur Pflicht; aber sie befiehlt mir das Alles nicht, weil einem Anderen ein Anspruch zusteht, von mir die Erfüllung zu verlangen. Die Moral

---

Jemanden zur Begehung einer strafbaren Handlung zu bestimmen suchen." Die Strafe tritt nur ein, wenn der Andere die fragliche Handlung begangen hat; der Versuch der Anstiftung, mag diese nun eine mißlungene oder eine erfolglose sein, ist straffrei, nichtsdestoweniger aber normwidrig.

[1]) Vgl. statt Aller v. Jhering, Der Zweck im Recht, I, 2. Aufl., S. 322, 325; Zorn, St.R. I, S. 101; S. auch Wach, in Grünhut's Zeitschrift Bd. VI, Anm. 11 S. 539.

wendet sich an das von der Gesammtheit losgelöste Individuum, und darum kann ein einzelner, auf eine unbewohnte und herrenlose Insel verschlagener Mensch sittlich oder unsittlich, nicht aber rechtlich oder unrechtlich handeln[1]). Das Recht setzt eine Beziehung vom Menschen zum Menschen voraus. Es befiehlt eine Handlung nicht so sehr wegen ihrer Vortrefflichkeit oder um des Handelnden selbst willen, sondern mit Rücksicht und mit Beziehung auf den einem Dritten zuerkannten Anspruch[2]).

Gegen die Lehre derjenigen, welche ausschließlich in der staatlich geschützten Norm einen Bestandtheil der Rechtsordnung erblicken, fällt noch ein fernerer Umstand von besonderer Schwere in's Gewicht; es soll nämlich der „Zwang" nicht nur ein essentiale, sondern auch ein unterscheidendes Merkmal sein, welches die Normen des Rechts von allen andern[3]) abgrenzt. Die Richtigkeit dieser

---

[1]) v. Lindgren, Die Grundbegriffe des Staatsrechts, 1869, S. 49.

[2]) Der Unterschied von Moral und Recht wird treffend dargethan von Merkel, Juristische Encyclopädie 1885, S. 43: „Die Satzungen der Religion und Moral wenden sich im Allgemeinen nur nach einer Seite, sie gebieten und beschränken, und ihre Gebote und Beschränkungen stellen sich nicht als eine bloße Consequenz einer dritten zugewendeten Gewährleistung dar. Ihr Cardinalbegriff ist derjenige der Pflicht .... Wenn ex. c. Religion und Moral das Gebot aufstellen: „liebe Deinen Nächsten", so sagen sie nicht dem Letzteren: „Du hast ein Recht auf diese Liebe" .... Wenn das Recht dagegen dem Schuldner befiehlt: „bezahle Deine Schulden", so geschieht dies im Hinblick auf ein Recht des Gläubigers." — Vgl. ferner v. Lindgren, Die Grundbegriffe des Staatsrechts, S. 49 f.

[3]) v. Jhering, Der Zweck im Recht I, 2. Aufl. S. 320: „Die gangbare Definition des Rechts lautet: Recht ist der Inbegriff der in einem Staat geltenden Zwangsnormen, und sie hat in meinen Augen das Richtige vollkommen getroffen." S. 321 f.: „für ihn (den Juristen) giebt es kein anderes Kriterium des Rechts als Anerkennung und Verwirklichung desselben durch die Staatsgewalt." „Der vom Staat in Vollzug

Annahme aber wird dadurch bedingt, daß die Befolgung anderweitiger Normen nicht auf dieselbe Weise gesichert ist. Nun giebt es aber abstracte Befehle, welche lediglich an die Behörden gerichtet sind, und hinter welchen gleichfalls der „Staatszwang" steht, und zwar auch dann, wenn sie nicht in der Form des Gesetzes auftreten. Diese Verwaltungsverordnungen sind keine Rechtssätze [1]), obschon ein ganzes Arsenal von Zwangsmitteln bereit ist, ihnen Gehorsam zu verschaffen. Man wird daher in dem staatlichen Eingreifen im Falle der Nichtbefolgung kein Kriterium des objectiven Rechts erblicken können.

Uebrigens steht den Rechtsvorschriften ein anderes, ihnen eigenthümliches psychisches Zwangsmittel zur Seite und zwar in dem Rechtsgewissen. Und in der That giebt es ein solches, wie wir auch ein religiöses, ein moralisches Gewissen anerkennen. So wenig das religiöse Gesetz mit dem moralischen sich in allen Punkten deckt, so verschieden beide sind, ebensowenig sind moralisches und rechtliches Gewissen übereinstimmend. Sollte diese Uebereinstimmung behauptet werden, so wäre der Nachweis erforderlich, daß die Rechtsgesetze nur Gebote oder Verbote der

---

gesetzte Zwang bildet das absolute Kriterium des Rechts." S. 323: „Alle Normen, die in dieser Weise verwirklicht werden, sind Recht, alle andern, selbst wenn sie thatsächlich im Leben noch so unverbrüchlich befolgt werden, sind kein Recht, zu Recht werden sie erst, wenn sich das äußere Moment des staatlichen Zwanges hinzugesellt."

[1]) Die Anweisungen, daß in Kanzleien nicht Streusand, sondern Löschpapier zu verwenden ist, daß ungeübte Schreibergehülfen Linienblätter zu Hülfe nehmen sollen, daß Tische, welche zu amtlichen Berathungen dienen, mit grünem Stoff bezogen werden müssen, daß die Postillone mit Blasinstrumenten von bestimmter Beschaffenheit auszurüsten sind — das Alles sind Sätze, welche mit der Regelung der „Rechtsordnung" gar nichts zu thun haben, deren Nichtbeachtung der Staat unter Umständen aber mit Strafen bedroht.

Moral aussprechen; zum Theil ist dies allerdings der Fall: wir finden diese Congruenz in zahlreichen Bestimmungen der Strafgesetze, in den Verboten des Diebstahls, Betrugs u. a. m., ferner im Privatrechte in den Geboten, seine contractlichen Verpflichtungen zu erfüllen, die letztwillige Anordnung des Erblassers zu befolgen, in den Vorschriften über dolus, culpa u. s. w. Eine andere Klasse der Rechtsgesetze befindet sich dagegen auf einem Gebiet, das abseits von dem der Moral liegt. Hierhin gehören Maß- und Gewichtsordnungen, Zollgesetze, ferner zahlreiche Polizeiverordnungen, kurz, alle staatlichen Vorschriften, deren Motiv nicht die Gerechtigkeit, sondern die Zweckmäßigkeit ist[1]).

Andere Gesetze widersprechen geradezu, und zwar aus Gründen der Zweckmäßigkeit, der subjectiven oder objectiven Moral.

Das Gesetz schreibt vor, daß der militärische Posten den entfliehenden Strafgefangenen oder Arrestanten erschießen solle; das Erschießen ist nicht die Strafe für das Entfliehen, sondern nur ein Zwangsmittel behufs Sicherung der Rechtsordnung zum Besten der Allgemeinheit; nur unter diesem Gesichtspunkte kann sich jene Bestimmung rechtfertigen lassen. Der Posten, welcher das Gebot mit Bewußtsein nicht erfüllt, mag es nun lex perfecta oder nur lex imperfecta sein, kann dabei seinem moralischen Gewissen folgen, er durchbricht aber die

---

[1]) Es giebt nur zwei Gesichtspunkte, nach welchen der Gesetzgeber seine Thätigkeit einzurichten hat: die Zweckmäßigkeit und die Gerechtigkeit. Ein Theil der Gesetze bewegt sich ausschließlich auf dem Gebiete der ersteren, wie z. B. Maß- und Gewichtsordnungen; ein anderer Theil hat zum alleinigen Motiv die Gerechtigkeit; beispielsweise der Satz: „Alle Preußen sind vor dem Gesetze gleich". Endlich beruht ein anderer Theil der Gesetze zugleich auf den Erwägungen der Zweckmäßigkeit und Gerechtigkeit. — Vgl. Merkel, Juristische Encyclopädie, 1885, S. 24 ff.

Rechtsordnung; die Stimme seines Rechtsbewußtseins soll ihn zwingen, das Gebot zu erfüllen, auch gegen die Mahnung seiner subjectiven moralischen Anschauung, die sich gegen die Befolgung jenes Befehls sträubt. So hat das Recht auch ein besonderes, und zwar psychisches, Zwangsmittel in dem Rechtsgewissen, welches vom moralischen Gewissen so verschieden ist, daß beide mit einander in Conflict gerathen können.

Das Rechtsgesetz setzt sich auch mit der objectiven Moral in Widerspruch in zahlreichen Bestimmungen des Civilrechts: z. B. in denen über die Verjährung, über die Nichtklagbarkeit mancher Rechtsgeschäfte u. s. w. In allen Fällen, in denen ein Klagerecht in wenigen Monaten oder Jahren erloschen ist, oder in denen ein solches überhaupt nicht entsteht, wie z. B. bei der Spielschuld, kann umgekehrt nicht das rechtliche, sondern nur das moralische Gewissen den Schuldner zur Erfüllung zwingen.

Die Bewährungskraft des gesetzten Rechts wird auch gesichert durch die staatliche Autorität, welche über der Gesammtheit waltet. Der Monarch, welcher zwangslose Bestimmungen der Verfassung befolgt, die Geschworenen oder Schöffen, welche nach bestem Wissen urtheilen, gehorchen ihrem rechtlichen Gewissen und der staatlichen Autorität. Auch die letztere ist übrigens ein psychisches Zwangsmittel, und zwar objectiver Art, und besteht als solches selbst dann fort, wenn in einem gegebenen Augenblicke gerade Niemand sich finden sollte, welcher ihm Folge giebt.

Die Theorien, welche allein in dem Zwang, bez. dem physischen Zwangsmittel, das wesentliche Merkmal des Rechts erblicken, legen zu viel Gewicht auf ein äußeres Moment und übersehen das Erforderniß der bestimmten Willensbeschaffenheit des Gesetzgebers. Wie hervorgehoben, giebt es nur zwei Gebiete, auf denen das Recht sich bewegt, die Gerechtigkeit und die Zweckmäßigkeit. Der Gesetzgeber muß gerecht oder für das Staatswohl zweckmäßig handeln wollen. Nicht Gunst, nicht Mißgunst darf ihn bestimmen, Lebensverhältnisse so zu ordnen, wie er es thut; sondern er muß absehen von Allem, was sein Streben nach Sachlichkeit zu trüben vermöchte. Und sollte jemals in dem Leben eines Volkes eine Norm erlassen werden, welcher nicht ein so beschaffener Wille zu Grunde läge: so wäre sie nur der Ausdruck der Willkühr, nur ein Machtsatz, niemals aber ein Rechtssatz; es wäre Unrecht unter der Maske des Rechts, rohe Gewalt, gekleidet in das Rüstzeug des formellen Gesetzes. Die Anhänger der Zwangstheorie werden dahin gedrängt, Recht und Macht zu identificiren; wir aber können uns die Justitia nicht denken, die die Wage fortgeworfen, und mit unverbundenen Augen, das Schwert in der Hand, den Machtspruch thut.

III.

Die Allgemeinheit des Rechtsbefehls.

Unter denen, welche die Unterscheidung von materiellem und formellem Gesetze angenommen haben, besteht eine Meinungsverschiedenheit hauptsächlich darüber, ob es zum Begriffe des ersteren gehört, daß es eine allgemeine Regel, d. h. einen abstracten Thatbestand aufstellt, welcher eine unbestimmte Anzahl von Fällen umfaßt, oder ob ein Rechtssatz auch einen einzelnen realen Thatbestand regeln kann. Die letztere Ansicht wird vertreten von Laband[1]), Stobbe[2]), Rosin[3]) u. A. m.

[1]) Laband, Das Budgetrecht zc., 1871, S. 3 „Es ist allerdings für den Begriff eines Gesetzes nicht erforderlich, daß es allgemeine Rechtsnormen aufstellt; es giebt zahllose Gesetze, welche nur für bestimmte Klassen von Personen oder für eng begrenzte Gebiete Geltung haben, und es ist durchaus kein begriffliches Hinderniß vorhanden, ein einzelnes concretes Rechtsverhältniß durch ein Gesetz zu normiren, so daß das letztere nur auf einen einzigen Fall Anwendung findet." Ebenso Laband, St.R. d. D. R. Bd. II, S. 1 f. und in Marquardsen's Handbuch Bd. II, 1, S. 70ff. Auffallender Weise sagt jedoch Laband am letztgenannten Ort, S. 177: „Die beiden letzteren (Verwaltungsbefehl und Urtheilsbefehl) haben das mit einander gemein im Gegensatz zum Gesetzesbefehl, daß sie nicht wie dieser eine abstracte Norm aufstellen, sondern einen concreten Fall betreffen."

[2]) Stobbe, Handbuch des Deutschen Privatrechts Bd. I, 2. Aufl. 1882, S. 123.

[3]) Rosin, Das Polizeiverordnungsrecht, 1882, S. 5: „Aber wie

Laband unterscheidet[1]) zwischen Specialgesetz und demjenigen Individualgebote, „das unter den Begriff des Rechtsgeschäfts, des Verwaltungsacts fällt.“ Als Beispiele von Gesetzen im materiellen Sinne für einen individuellen Fall führt er an[2]): das Bundesgesetz vom 21. Juli 1870 über die Verlängerung der Legislatur-Periode des am 31. August 1867 gewählten Reichstags, das Reichsgesetz vom 23. December 1874 über die geschäftliche Behandlung der Entwürfe der Justizgesetze, das Gesetz vom 6. März 1878 über die Präclusion der Darlehnskassenscheine, die jährlich ergehenden Gesetze über die Controle der Staatsrechnungen u. a. m.

Die Mehrzahl der Rechtslehrer[3]) dagegen, darunter

---

die abstracte Normirung eines in abstracto aufgestellten Thatbestandes nur deßhalb den Begriff des Gesetzes erfüllt, weil das Abstracte die Einheit der concreten Erscheinungsformen ist, so kann umgekehrt das Erforderniß der Einheit des zu regelnden Thatbestandes im Gesetze verwirklicht sein, ohne daß dasselbe eine abstracte Normirung enthält. Mit anderen Worten: es kann ein einzelner, in der Welt der Thatsachen real zur Erscheinung gelangter oder noch gelangender Thatbestand Gegenstand der gesetzlichen Normirung sein, wenn diese Normirung nur für ihn als für eine eigene Einheit erfolgt.“ „Wie daher z. B. die abstracte Fassung des Art. 24 D. R.-Verf.: „Die Legislatur-Periode des Reichstags dauert drei Jahre“, zweifellos einen Rechtssatz enthält, also auch inhaltlich Gesetz ist, so ist ebenso die Bestimmung des Gesetzes vom 21. Juli 1870 über die Verlängerung der Legislatur-Periode des am 31. August 1867 gewählten Reichstags, wenngleich sie nur einen einzigen Fall, diesen aber als besondere Einheit normirt, ebenso auch materiell Gesetz, und hat ebenso, wie die abstracte Bestimmung des Art. 24 einen Rechtssatz zum Inhalt.“ Mit Recht wendet sich hiergegen Eck in d. Jahrb. f. d. Dogmatik, 1884, S. 77 N. 1.

[1]) In Marquardsen's Handbuch Bd. II, 1, S. 71.

[2]) a. a. O. S. 71; s. auch St.R. d. D. R. II, S. 4.

[3]) Vgl. statt Aller: G. Meyer, Der Begriff des Gesetzes rc., in Grünhut's Zeitschrift Bd. VIII, S. 15 ff.; derselbe, Lehrbuch des Deutschen Staatsrechts, I. Aufl. S. 12, 398, II. Aufl. S. 17, 452; derselbe, Lehrbuch des Deutschen Verwaltungsrechts I, S. 1; der-

v. Rönne, H. Schulze und G. Meyer[1]), halten an dem Postulate der Allgemeinheit fest.

In der That ist es ein essentiale des Rechtsgesetzes, daß es abstract ist und eine nicht vorauszusehende Anzahl[2]) von Fällen ordnet. Hiermit stimmt zunächst, wie G. Meyer[3])

---

selbe, Besprechung von Laband's St.R. d. D. R. II, in Hirth's Annalen, 1878, S. 370.

H. Schulze, Lehrbuch des Deutschen Staatsrechts I, S. 517 ff., derselbe, Das Preußische Staatsrecht II, S. 206 f.

v. Rönne, Das Staatsrecht der Preußischen Monarchie, 4. Aufl. I, S. 347 und Anm. 2; Literaturangaben ebenda und bei G. Meyer in Grünhut's Zeitschrift Bd. VIII, S. 15 ff.

Sturm, Recht und Rechtsquellen, 1883, S. 168 f.

H. Göppert, Das Princip: „Gesetze haben keine rückwirkende Kraft", herausgegeben von E. Eck, Jahrb. f. d. Dogmatik, 1884, S. 76 f., 144, 148.

1) G. Meyer, Lehrbuch d. D. Verw.R. Bd. I, S. 1: „Die Thätigkeit des Staates besteht theils in dem Erlaß von allgemeinen oder abstracten Vorschriften (Rechtssätzen), theils in der Regelung individueller oder concreter Angelegenheiten. Die erstere Thätigkeit bezeichnet man als Gesetzgebung, die letztere als Verwaltung im weiteren Sinne." Ferner: G. Meyer, Besprechung von Laband's St.R. II, in Hirth's Annalen, 1878, S. 370: „Als einen Rechtssatz kann man meines Erachtens überhaupt nur diejenige Regel bezeichnen, welche allgemein ist, d. h. welche sich nicht bloß auf einen oder mehrere individuell bestimmte Thatbestände bezieht. Alle Regelungen concreter Rechtsverhältnisse beruhen nicht auf Gesetzen, sondern auf Verfügungen."

2) Vgl. H. Schulze, Preuß. Staatsrecht II, 207. — Die Zahl der logisch unter die Regel fallenden realen Thatbestände kann eine geringe sein. So ist beispielsweise folgende Bestimmung ein Rechtssatz: „Die erste Kammer wird gebildet: . . . aus dem Senior der Familie der Freiherrn von Riedesel" (Verf.-U. des Großh. Hessen v. 17. Dec. 1820, Art. 52; vgl. auch Art. 2 Nr. 3 des Hessischen Ges., d. Zusammensetzung d. beiden Kammern d. Stände 2c. betr.) — Vgl. die Ausführungen Rosin's a. a. O. S. 8 ff., inwiefern eine auf Grund eines Gesetzes erlassene Verfügung einen allgemeinen Inhalt haben könne.

3) G. Meyer, Der Begriff des Gesetzes u. s. w., in Grünhut's Zeitschrift Bd. VIII, S. 15 ff.

hervorgehoben hat, der überwiegende Sprachgebrauch der Rechtswissenschaft überein, welcher unter Gesetz abstracte Rechtsvorschriften versteht.

Sodann fällt für das Erforderniß der Allgemeinheit auch der Umstand in's Gewicht, daß auf allen übrigen Gebieten, wohin wir auch blicken, im Bereiche der Natur, der Moral, der Logik, das Gesetz als abstracter Begriff gedacht wird.

Uebrigens sprechen auch gewichtige staatsrechtliche Erwägungen systematischer Art für die hier vertretene Auffassung. Das Wort Gesetzgebung gestattet eine verschiedene Auslegung, je nachdem man äußere oder innere Kriterien in Berücksichtigung zieht. Gesetzgebung im formellen Sinne ist jede in verfassungsmäßig bestimmter Weise erfolgende Thätigkeit der berufenen Organe. Den Begriff der materiellen Gesetzgebung aber muß man gewinnen durch Vergleichung des Inhalts der verschiedenen staatlichen Lebensbethätigungen.

Die Functionen der Staatsgewalt lassen sich materiell nicht bestimmen, eine feste Grenze ist zwischen ihnen nicht zu ziehen, wenn man für den Ausspruch der Rechtsordnung die Allgemeinheit aufgiebt und in Anordnungen für den individuellen Fall Rechtssätze erblickt [1]).

[1]) S. Laband, St.R. d. D. R. II, S. 3: „ein Privilegium kann bald durch Rechtsgeschäft (Verwaltungsact), bald durch Gesetzgebungsact (lex specialis) begründet sein. In allen Fällen, in welchen bestehende Rechtsgrundsätze aufgehoben oder suspendirt werden sollen, ohne daß der Regierung eine allgemeine Ermächtigung hierzu durch einen Rechtssatz ertheilt worden ist, bedarf es einer lex specialis." Rosin, Polizeiverordnungsrecht, S. 6: „Abgesehen nun von dem Falle der Normirung eines seiner Natur nach nur einmal gegebenen Thatbestandes, für den es bis dahin an einer gesetzlichen Regelung gebricht, tritt hauptsächlich ein einzelner realer Thatbestand dann als besondere Einheit in der Gesetzgebung hervor, wenn er als eine Ausnahme einer bereits

Wir werden richtiger alle unter Mitwirkung der Volksvertretung erlassenen individuellen Vorschriften, selbst wenn sie von dem bestehenden Rechte abweichen, für rein formelle Gesetze erklären; ihrem Inhalte nach sind sie Verfügungen [1]). Nur

---

durch Gesetz in bestimmter Weise geregelten abstracten Thatbestandseinheit, unter welche er sonst begrifflich fallen würde, seine abweichende Normirung erhält."

Rosin a. a. O. N. 22 sagt: wenn man zugebe, daß für ein Ausnahmegesetz für einen individuellen Fall die Form der Gesetzgebung nothwendig sei, so erkenne man damit implicite an, daß gerade sein Inhalt es sei, welcher es zum Gesetze mache und erst demzufolge auch die Form der Gesetzgebung für dasselbe in Anspruch nehme. Diese Behauptung ist irrig; der Weg der Gesetzgebung ist mitunter allein aus dem Grunde zu beschreiten, weil die formelle Kraft eines bestehenden Gesetzes, von welchem eine Ausnahme gemacht werden soll, es bedingt; z. B. kann eine materielle Verordnung eine gleichartige, jedoch gesetzlich sanctionirte Vorschrift nur dann abändern, wenn sie gleichfalls im Wege der Gesetzgebung erlassen wird; sie wird dadurch aber nicht zum Rechtssatz.

Gegen Laband bemerkt v. Sarwey in Marquardsen's Handbuch I, 2, S. 10: „Laband bezeichnet als Gesetz im materiellen Sinne die „rechtsverbindliche Anordnung eines Rechtssatzes" oder „die Aufhebung, Veränderung oder Neueinführung einer Rechtsregel" (Vgl. Laband R.St.R. in Marquardsen's Handbuch II, 1, S. 70). Jeder andere staatliche Willensact ist nach ihm „kein Gesetz im materiellen Sinn". Da man unter Rechtsregel ein Allgemeines versteht, muß man fragen, wie hiermit vereinbar sein soll, daß „auch die Regelung eines einzelnen concreten Rechtsverhältnisses" (a. a. O. S. 71) Gesetz im materiellen Sinne sei."

[1]) G. Meyer, Der Begriff des Gesetzes u. s. w., in Grünhut's Zeitschrift Bd. VIII, S. 15. Ein Beispiel für Verfügungen contra legem bietet die Beschlagnahme des Vermögens des ehemaligen Königs von Hannover, welche (auf Grund des Art. 63 der Preuß. V.-U.) durch Königliche Verordnung vom 2. März 1868 erfolgte (Pr. G.S. S. 166). Dieselbe wurde dem Preuß. Landtage nach seinem Zusammentritt vorgelegt und von diesem genehmigt; diese Genehmigung wurde in der Preuß. Ges.S. 1869, S. 323 bekannt gemacht. Vgl. dazu Laband, Budgetrecht, S. 4 und Göppert, Gesetze haben keine rückwirkende Kraft

wenn man ohne Unterschied in jedem Individualgebote einen Act der materiellen Verwaltung sieht, läßt sich der Begriff der letzteren begrenzen. Wie hervorgehoben, glaubt Laband, daß es auch Gesetze für einen einzelnen Fall geben könne, und dies ist denn auch der Grund, weßhalb die Definition, welche derselbe Schriftsteller von der materiellen Verwaltung aufstellt, unzutreffend ist; er bezeichnet sie[1]: „als die freie Thätigkeit der Staatsregierung behufs Durchführung der staatlichen Aufgaben innerhalb der von der Rechtsordnung des Staates gesteckten Grenzen“.

Hiergegen ist beiläufig zu bemerken, daß dieser Satz ein Begriffsmerkmal der formellen Verwaltung enthält, und zwar in den Worten „Thätigkeit der Staatsregierung“[2]. Wenn

---

herausgegeben v. E. Eck, in d. Jahrb. f. d. Dogmatik Bd. 22, 1884, S. 148 Anm. 1. — Es muß hier unerörtert gelassen werden, ob zur damaligen Zeit Preußen und der König von Hannover noch im Kriegszustande sich befanden, und die Beschlagnahme daher als Kriegsmaßregel ohne Mitwirkung des Landtags angeordnet werden konnte. Thatsächlich ist die Beschlagnahme nicht auf Grund des Kriegsrechts verfügt worden. — Art. 63 der Preuß. V.-U. spricht zwar nur von dem Erlaß von Rechtssätzen (vgl. unten Cap. IV, S. 118ff.); wenn aber der Krone das Recht eingeräumt wird, unter gewissen Voraussetzungen eine größere Anzahl von Fällen durch einen abstracten Befehl zu regeln, so steht ihr unter denselben Voraussetzungen auch die geringere Befugniß zu, einen einzelnen Thatbestand zu normiren. Nicht durch sog. Nothverordnung, sondern durch Gesetz (vom 15. Februar 1869, G.S. S. 321 f.) wurde das Vermögen des ehemaligen Kurfürsten von Hessen beschlagnahmt.

[1]) Laband, St.R. d. D. R. II, S. 201; derselbe in Marquardsen's Handbuch II, 1, S. 93. — Daß Laband die Verwaltung im materiellen Sinne auffaßt, folgt aus seinen Ausführungen am erstgenannten O. Bd. II, S. 198ff., wo er dieselbe der materiellen Gesetzgebung gegenüberstellt; vgl. auch Bd. III, 2, S. 18f.

[2]) Es sei denn, daß in der Bezeichnung Staatsregierung, entgegen dem gewöhnlichen Sprachgebrauche, auch die legislativen Körperschaften mit einbegriffen werden. Allein auch in diesem Falle erweist

man aber auch an Stelle dieser Worte „staatliche Thätigkeit" setzt, so gelangt man dennoch nicht zu einem für Laband günstigen Ergebnisse. Wäre nämlich die angeführte Definition richtig, würde sie demnach den Begriff, von welchem sie handelt, vollkommen decken, so müßte jeder Act, welcher die in der abstracten Formel angegebenen Merkmale hat, ein Verwaltungsact sein. Dies ist aber nicht der Fall. Der Umstand, daß eine staatliche Lebensäußerung sich **innerhalb** des von den bestehenden Gesetzen freigelassenen Spielraums bewegt, bildet kein absolutes Kriterium der Verwaltung. Dieselbe Eigenschaft kommt vielmehr gleichfalls manchen Bethätigungen der Legislative zu. Auch der Erlaß von Rechtsverordnungen praeter legem, welcher nach Laband inhaltlich Rechtssetzung ist, kann als freie [1]) staatliche Thätigkeit (bez. Thätigkeit der

---

sich der Wortlaut der Laband'schen Definition als nicht richtig, sollte sie eine Erklärung der materiellen Verwaltung geben wollen. Denn auch Ausführungsgesetze, sowie überhaupt alle Gesetze, welche mit der bestehenden Rechtsordnung nicht in Widerspruch treten, jedoch Rechtssätze schaffen, werden von jener Begriffsbestimmung umfaßt. Hat aber das Wort Staatsregierung nur die Bedeutung eines Inbegriffs von Behörden mit Ausschluß des Parlaments, so ist die Definition zu eng. Dies geht daraus hervor, daß die „Gesetze", welche das Budget feststellen, welche befehlen oder ermächtigen, eine Anleihe aufzunehmen, Eisenbahnen zu kaufen oder zu bauen ꝛc., welche nach Laband **materielle** Verwaltungsacte sind, in der oben im Text wiedergegebenen Laband-schen Definition der Verwaltung keinen Platz finden, da sie nicht allein aus der Thätigkeit der Staatsregierung hervorgegangen sind. Es ist übrigens anzunehmen, daß Laband nicht an „Thätigkeit der Staatsregierung", sondern an „staatliche Thätigkeit" gedacht hat. Er drückt sich in dieser Hinsicht correcter aus a. a. O. S. 200: „Das Wesen der Verwaltung besteht nicht in der Ausführung der Gesetze, sondern in der Durchführung der dem Staate obliegenden Aufgaben unter Beobachtung, d. h. ohne Verletzung der Gesetze."

[1]) Gegen die Bezeichnung der Verwaltung als eine „**freie**" Thätigkeit ist zu erinnern, daß in Fällen, in welchen die Behörden ge-

Staatsregierung) behufs Durchführung der staatlichen Aufgaben innerhalb der von der Rechtsordnung des Staates gesteckten Grenzen angesehen werden.

Unterscheidende Merkmale zwischen Gesetzgebung und Verwaltung — beide im materiellen Sinne — sind nur dann zu finden, wenn man die Behandlung eines Einzelfalls aus der ersteren eliminirt und in der letzteren unterbringt. Alsdann ist die materielle Verwaltung zu beschreiben: als die Regelung individueller und concreter Thatbestände, sowie die hierarchische Leitung dieser Thätigkeit [1]); diese Leitung kann sich auch in abstracten Normen äußern, deren Kraft sich nur im Innern des Regierungs-Organismus entfaltet (materielle Verordnungen).

Die Verwaltung im formellen Sinn ist dann zu definiren als die Thätigkeit der Staatsregierung behufs Durchführung der staatlichen Aufgaben innerhalb der von der Rechtsordnung des Staates gesteckten Grenzen.

Mit diesen Betrachtungen ist der Begriff der Verwaltung aber keineswegs erschöpft; diese zerfällt vielmehr in weitere

---

setzliche Befehle unbedingt zu befolgen haben, ihre Thätigkeit keine freie ist, dennoch aber Verwaltung im mat. S. sein kann. Vgl. N. 2 S. 69 f.

[1]) G. Meyer faßt die Verwaltung nur auf als die Regelung einzelner Thatbestände. Verw.R. I, S. 1; St.R. 2. Aufl. S. 515. Dies ist insofern nicht genau, als ja — übrigens auch nach G. Meyer, St.R., 2. Aufl. S. 519 — die Verwaltungsacte in abstracten Instructionen (Verwaltungs-Verordnungen) bestehen können. Am letztgenannten O. S. 515 bezeichnet Meyer die materielle Verwaltung als: „diejenige staatliche Thätigkeit, welche die Wahrnehmung der Staats- und Volksinteressen bezweckt und in Maßregeln concreter Natur sich äußert". Dagegen ist zu bemerken, daß die „Wahrnehmung der Staats- und Volksinteressen" kein Kriterium der Verwaltung abgiebt; auch die Gesetzgebung und Rechtsprechung haben dieselben Interessen wahrzunehmen.

Unterabtheilungen, in die Rechtsprechung und die Verwaltung im engeren Sinne[1]).

Beide lassen sich gleichfalls sowohl nach äußerlichen als nach inhaltlichen Kennzeichen bestimmen[2]), je nachdem man

---

[1]) Ueber diese Eintheilung der staatlichen Functionen vgl. Gierke, Laband's Staatsrecht und die deutsche Rechtswissenschaft, in Schmoller's Jahrbuch, 7. Jahrg. 1883, Heft 4, S. 89.

[2]) Die formellen Begriffe der Verwaltung und Rechtsprechung knüpfen an die Organe an, welchen die betreffende Thätigkeit obliegt. Vgl. G. Meyer, Lehrbuch des Deutschen Verwaltungsrechts I, S. 4; derselbe, Lehrbuch des Deutschen Staatsrechts, 2. Aufl. S. 515, 525. — Wenn in vorliegender Untersuchung von Verwaltung die Rede ist, so wird darunter in der Regel die Verwaltung im engeren Sinne, d. h. mit Ausschluß der Rechtsprechung verstanden. Unter den Begriff der Verwaltung im e. und materiellen Sinne fallen demnach alle Bethätigungen staatlichen Willens, welche nicht Gesetzgebung und nicht Rechtsprechung sind (G. Meyer, St.R. 2. Aufl. S. 515.). Ein näheres Eingehen auf die Verwaltung im e. Sinne dürfte sich aus dem Grunde erübrigen, weil ja dieser Begriff hier nicht ex professo abzuhandeln ist; da es hier nur auf die Feststellung des Begriffes der Gesetzgebung ankommt, muß es genügen, eine kurze Uebersicht der verschiedenen materiellen und formellen Merkmale staatlicher Thätigkeit zu geben, um aus dem Gesammtbilde den Eindruck zu gewinnen, daß eine Begriffsbestimmung der materiellen Gesetzgebung nur dann möglich ist, wenn man die Entscheidung einzelner Thatbestände aus derselben ausscheidet. In Betreff der Rechtsprechung i. mat. S. vgl. H. Schulze, Das Preußische Staatsrecht I, S. 134 Abs. 3, II; S. 279 a. E., 280. Der Unterschied zwischen Rechtsprechung und Verwaltung wird häufig dahin erklärt, daß bei ersterer allein Rechtsgrundsätze, bei letzterer dagegen Zweckmäßigkeitsrücksichten maßgebend seien. H. Schulze a. a. O. I, S. 134 Abs. 4. Der erwähnte Gegensatz giebt indessen kein genügendes Kriterium zur Auseinanderhaltung beider Functionen. Einerseits ist es unzweifelhaft, daß eine große Zahl von Verwaltungssachen ausschließlich nach festen Rechtsgrundsätzen zu erledigen ist, ohne daß dabei irgendwelche Zweckmäßigkeitsrücksichten in's Gewicht fallen dürfen. So enthält Art. 3 der R.=V. einen kategorischen Imperativ für jede einzelne Bundesregierung, die Angehörigen eines anderen deutschen Bundesstaates als Inländer zu behandeln; nach §. 152 Abs. 2 St.P.O. ist die

auf das Wirken der betreffenden Organe (Beamten oder Richter) sieht oder auf den Inhalt ihres Wirkens.

Rechtsprechung im formellen Sinne ist jede von richterlichen Beamten geübte amtliche Thätigkeit. Als Rechtsprechung im materiellen Sinne ist zu bezeichnen die Entscheidung sowohl über das Bestehen eines Rechts in den Fällen des Bestreitens oder angeblicher Verletzung, als auch über die Anwendung von Mitteln zur Aufrechthaltung der Rechtsordnung und ev. der Erlaß des diesbezüglichen Befehls [1]).

Wir haben demnach im staatlichen Leben drei Functionen auseinander zu halten: die Gesetzgebung, die Verwaltung im e. S. und die Rechtsprechung, welchen Ausdrücken eine materielle und eine formelle Bedeutung zukommt; jede der drei

---

Staatsanwaltschaft, soweit nicht gesetzlich ein Anderes bestimmt ist, verpflichtet, wegen aller gerichtlich strafbaren und verfolgbaren Handlungen einzuschreiten, sofern zureichende thatsächliche Anhaltspunkte vorliegen. Hierdurch ist das Legalitätsprincip im Gegensatze zum Opportunitätsprincip sanctionirt. Andererseits ist es keineswegs ausgeschlossen, daß die Rechtsprechung auch auf Rücksichten der Zweckmäßigkeit beruhe: dies gilt z. B. da, wo dem richterlichen Ermessen die Wahl zwischen mehreren Strafarten gelassen ist und nicht minder bei Abmessung der Strafhöhe.

[1]) Was den Civilproceß betrifft, so hält Laband (St.R. Bd. III, 2, S. 25) die Feststellung des Rechtsanspruchs nur für eine Vorbereitungshandlung und sieht das Wesen, „die specifisch staatsrechtliche Function" des Urtheils in dem Befehl an den Verklagten, den Rechtsanspruch zu erfüllen, unter Androhung ev. Zwangsvollstreckung. Hiernach würde ein den Kläger abweisendes Urtheil, welches die Versagung jenes Befehls ausspricht, gar nicht unter die Rechtsprechung zu subsumiren sein. Es ist nicht zu ersehen, welchen Charakter Laband einer derartigen Entscheidung vindicirt; als Verwaltung kann er sie doch auch nicht auffassen, denn sie beruht in den meisten Fällen auf stricten Gesetzesbefehlen und geht demnach nicht aus einer „freien" Thätigkeit hervor. Treffend bemerkt Gierke a. a. O. S. 87, daß nach Laband's Construction die Verurtheilung des Fiscus keine rechtliche Verurtheilung, die Verwaltungsgerichtsbarkeit eine contradictio in adiecto wäre. Der Urtheilsbefehl geht in diesen Fällen an die zur Erfüllung der Staatspflicht berufenen Organe.

Formen kann jede der drei möglichen Inhaltsarten zum Gegenstande haben.

Ein formelles Gesetz kann nicht nur einen Rechtssatz, sondern auch einen Verwaltungsbefehl enthalten und demnach materiell eine Bethätigung der staatlichen Geschäftsführung sein, ebenso einen Rechtsstreit entscheiden und sich daher inhaltlich als ein Act der Rechtsprechung darstellen. Letzteres träfe z. B. dann zu, wenn ein Reichsgesetz Verfassungsstreitigkeiten in einem Bundesstaat für einen einzelnen Fall zur Entscheidung brächte (gemäß Art. 76 Abs. 2 der R.-V.).

Die Thätigkeit der Regierungsbehörden ist sehr häufig eine derartige, daß sie ihrem Wesen nach unter den Begriff der Gesetzgebung (z. B. in den Rechtsverordnungen) oder der Rechtsprechung fällt. Ein Beispiel für letzteres bietet der Beschluß einer höheren Instanz über die Beschwerde gegen einen Beamten, sofern dem letzteren ein Eingriff in die Rechte eines Unterthans vorgeworfen und Abhülfe gefordert wird; es liegen hier die Kriterien der materiellen Rechtsprechung vor, mag nun die Entscheidung von einem Gerichtshofe oder von einem vorgesetzten Beamten erfolgen. Ebenso sind die von den Behörden erlassenen Strafbescheide begrifflich Acte der Rechtsprechung.

Die amtlichen Handlungen eines Richters oder eines Richter-Collegiums haben mitunter einen anderen Inhalt als einen Rechtspruch; die Aufsicht und Leitung von Vormundschafts- und Grundbuch-Sachen u. a. fällt im Allgemeinen unter den Gesichtspunkt der administrativen Functionen. Wenn ein Urtheil eines Gerichts für die unteren Instanzen oder für sonstige Gerichte oder staatliche Organe in jedem gleichen concreten Fall bindend ist, so hat dasselbe allerdings auch den Charakter der Rechtsprechung im materiellen Sinne, kann jedoch nicht minder implicite den der Rechtssetzung haben[1]).

Fälle von besonderem Interesse, in denen eine Rechtsnorm in der Form des Urtheils festgestellt wird, finden sich mehrere im deutschen Staatsrecht.

Ein Beispiel bietet das für Hamburg geltende Verfassungsrecht. Art. 71 Nr. 1 der Verfassung der freien und Hansestadt Hamburg vom 13. October 1879[2]) bestimmt u. a.:

> „Betrifft die Meinungsverschiedenheit (zwischen Senat und Bürgerschaft) die Auslegung der Verfassung oder von Gesetzen ...., so ist die Streitfrage durch das Reichsgericht zu entscheiden, und ist sowohl der Senat als auch die Bürgerschaft berechtigt[3]) zu verlangen, daß diese Entscheidung eintrete."

Hierauf sich beziehend verordnet das Reichsgesetz, betreffend die Zuständigkeit des Reichsgerichts für Streitfragen zwischen dem Senat und der Bürgerschaft der freien und Hansestadt Hamburg, vom 14. März 1881[4]):

> „Das Reichsgericht entscheidet in den vereinigten Civilsenaten die ihm durch Artikel 71 Ziffer 1 . . . der Verfassung der freien und Hansestadt Hamburg vom 13. October 1879 . . . zugewiesenen Streitfragen zwischen dem Senat und der Bürgerschaft."

---

[1]) S. Wach, Handbuch des Deutschen Civilproceßrechts I, S. 255.

[2]) Störk, Handbuch der Deutschen Verfassungen, S. 620.

[3]) Diese Bestimmung regelt nur das Rechtsverhältniß zwischen Senat und Bürgerschaft; sie kann als Landesgesetz nicht die Competenz des Reichsgerichts, welche durch Reichsgesetze bestimmt ist, erweitern. Die Competenz des Reichsgerichts in Betreff von Streitfragen zwischen Hamburger Senat und Bürgerschaft wird durch das Reichsgesetz vom 14. März 1881 (s. oben im Text) begründet.

[4]) R.G.Bl. 1881, S. 37.

Insofern ein diesbezügliches Urtheil einen Einzelfall regelt, ist es allerdings materiell Rechtsprechung; dagegen liegt auch die Möglichkeit vor, daß das Reichsgericht im Urtheilstenor, sei es expressis verbis, sei es implicite, eine principielle Entscheidung trifft, welche Senat und Bürgerschaft nicht nur in dem Falle, welcher zur Entscheidung Anlaß gab, sondern ebenfalls in allen gleichen zukünftigen Fällen bindet. Denn Nr. 1 Art. 71 cit. ist so weit gefaßt, daß eine reichsgerichtliche Entscheidung auch abstract und ihre Befolgung ganz allgemein verlangt sein kann. Diese Auffassung ergiebt sich namentlich aus dem Zusammenhange, in welchem Art. 71 mit den vorhergehenden, besonders mit Art. 69 Abs. 2 und Art. 70 steht. Diese Artikel befinden sich im fünften Abschnitte der Hamburgischen Verfassung, welcher von der Gesetzgebung handelt, und betreffen den Fall, daß ein Antrag des Senats von der Bürgerschaft, oder ein Antrag der Bürgerschaft von dem Senate abgelehnt wird, und eine Einigung zwischen beiden Körperschaften auf keine Weise zu erreichen ist. Es kann also auch ein solcher Antrag Anlaß zu beharrlicher Meinungsverschiedenheit geben, welcher eine abstracte Interpretation der Verfassung oder von Gesetzen geben will. Nach Art. 71 Nr. 1. l. c. ist das Reichsgericht berufen, auf Antrag auch über eine derartige Meinungsverschiedenheit zu befinden und ein Urtheil zu erlassen, welches im Tenor lediglich eine abstracte Auslegung enthielte, die für alle concreten Fälle der Zukunft maßgebend und zu befolgen wäre[1]).

[1]) Der Wille, den ein Reichsorgan, zudem auf Grund eines Reichsgesetzes erklärt, ist, juristisch betrachtet, Reichswille. Das höchste deutsche Gericht erläßt seine Entscheidungen „Im Namen des Deutschen Reichs". S. Laband, St.R. I, S. 66 und Anm. 4; v. Wilmowski und Levy, Commentar z. Ger.V.G. 4. Aufl. §. 15 N. 1. — Ein Urtheil des Reichsgerichts, welches eine abstracte Interpretation des ham-

Das Reichsgericht, bez. die vereinigten Civilsenate desselben, functioniren demnach als Staatsgerichtshof, und es ist offenbar, daß in Ländern, in denen Staatsgerichtshöfe bestehen und über Verfassungsfragen und Gesetzesauslegung zu entscheiden haben, in diesen fernere Factoren der Rechtserzeugung zu erblicken sind. Ein Beispiel hierfür bietet die Verfassungs-Urkunde für das Königreich Sachsen vom 4. September 1831 in §. 153[1]); derselbe ordnet an:

„Wenn über die Auslegung einzelner Punkte der Verfassungs-Urkunde Zweifel entsteht, und derselbe nicht durch Uebereinkunft zwischen der Regierung und den Ständen beseitigt werden kann, so sollen die für und wider streitenden Gründe sowohl von Seiten der Regierung als der Stände, dem Staatsgerichtshofe zur Entscheidung vorgelegt werden .... Der hierauf er-

---

burgischen Rechts enthielte, würde eine Reichsnorm sanctioniren; nach Art. 2 der R.-V. sollen Reichsgesetze (auch nicht formelle) Landesgesetzen vorgehen. Da das Urtheil aber nur Interpretation eines bestehenden Wortlauts — also keine selbständige Norm — wäre, so stände es dem Senate und der Bürgerschaft frei, die der Interpretation zu Grunde liegende Verfassungs- oder Gesetzesstelle im Wege der Landesgesetzgebung zu ändern und somit die reichsrechtliche Interpretation gegenstandlos zu machen. Da ein maius das minus enthält, so könnten beide Körperschaften, falls sie später eine Einigung erzielen, eine abweichende Interpretation in Gesetzesform erlassen und dadurch das Urtheil des Reichsgerichts entkräften.

Da letzteres, wie gesagt, eine reichsrechtliche Norm ist, so läge hier ein Fall vor, in welchem entgegen dem Wortlaute des Art. 2 der R.-V. Landesgesetze den Reichsgesetzen (im materiellen Sinne) vorgehen. Diese scheinbare Anomalie hat ihren Grund eben darin, daß ein interpretirender Rechtssatz ein unselbstständiger ist, und seine Geltung demnach von der Existenz der ihm zu Grunde liegenden interpretirten Norm abhängt.

[1]) Vgl. Störk, Handbuch, S. 137.

theilte Ausspruch soll als authentische Interpretation angesehen und befolgt werden." [1])

---

[1]) Vgl. Leuthold, Das Staatsrecht des Königreichs Sachsen, in Marquardsen's Handbuch II, 2, S. 221 f. und namentlich 223 sowie 197 Anm. 1. An letzterer Stelle wird der Sinn der cit. Verfassungsstelle geradezu in das Gegentheil des Wortlauts umgekehrt. Leuthold sagt nämlich: „Ein incorrecter Ausdruck ist es, wenn im §. 153 V.-U. von der durch den Staatsgerichtshof erfolgten Entscheidung .... gesagt ist, daß sie als „authentische Interpretation" angesehen werden soll .... Der Ausspruch des Staatsgerichtshofs ... soll im Einzelfalle „befolgt" werden, ... ohne daß er doch für alle Fälle Gesetzeskraft erlangen kann." Leuthold beruft sich zum Beweise seiner Ansicht darauf, daß andernfalls eine Auslegung der V.-U. ohne Gesetzesform möglich wäre, und daß dieselbe nicht einmal durch den Druck bekannt gemacht zu werden brauche. Diesen Ausführungen steht zunächst der klare Wortlaut gegenüber, daß der Ausspruch des Staatsgerichtshofs als „authentische" Interpretation angesehen werden soll. Dieselbe Bezeichnung als „authentische" Interpretation findet sich übrigens auch in dem sächsischen Gesetze, das Verfahren in den an den Staatsgerichtshof gelangenden Sachen betreffend, vom 3. Februar 1838, §. 1 Nr. 3; vgl. auch §§. 47 ff. (Störk, Handbuch, S. 137 ff.).

Die Behauptung Leuthold's, daß eine Bekanntmachung des Ausspruchs nicht erforderlich sei, ist eine irrthümliche. §. 52 des letztgenannten Gesetzes bestimmt: „Ausspruch und Entscheidungsgründe werden in den Landtagsacten abgedruckt und von der Regierung durch das Gesetz- und Verordnungsblatt bekannt gemacht." Die Nothwendigkeit der Publication im Gesetz- und Verordnungsblatt spricht unzweifelhaft dafür, daß der Ausspruch als Auslegung einer abstracten Vorschrift, selbst abstract ist und in jedem concreten Falle befolgt werden muß. Deutlicher kann der Gesetzgeber letzteres gar nicht zum Ausdrucke bringen, als daß er den Ausspruch der authentischen Interpretation gleichstellt.

Vgl. ferner Bremen, das Gesetz, die Erledigung von Meinungsverschiedenheiten zwischen dem Senate und der Bürgerschaft betreffend (Störk, Handbuch, S. 607); Lübeck, Verfassung vom 5. April 1875, Art. 73 ff. (Störk, Handbuch, S. 587 ff.); ferner Oldenburg, Revidirtes Staatsgrundgesetz für das Großherzogthum Oldenburg, vom 22. November 1852, Art. 209 ff. (Störk, Handbuch, S. 325). Art. 211: „Der vom Schiedsgericht abgegebene Spruch soll öffentlich bekannt ge-

Es ist hier der Ort, Verwahrung einzulegen gegen diejenige Theorie, welche zwar zwischen Gesetzgebung und Verwaltung im materiellen Sinne unterscheidet, aber nichtsdestoweniger behauptet, daß ein staatlicher Befehl, welcher an sich administrativer Natur ist, durch seine gesetzliche Formulirung seiner ursprünglichen Eigenschaft sich entäußere.

Es ist auffallender Weise Laband selbst, welcher seiner eigenen Lehre nicht treu bleibt, und, während er sonst nur auf den Inhalt eines Befehls sieht, um dessen materiellen Charakter zu bestimmen, manchen staatlichen Acten, und zwar den organisatorischen, eine Doppelnatur beilegt.

Er sagt [1]): „Die Einrichtung und Verzweigung der Behörden und die Abgrenzung ihres Geschäftskreises sowie die Veränderung oder Aufhebung bestehender Behörden kann daher an sich ebensowohl als ein Act der Gesetzgebung, d. h. als Regelung der staatlichen Rechtsordnung, wie als ein Act der staatlichen Verwaltung, d. h. als Bethätigung der Geschäftsführung, gedacht werden, und es ist lediglich nach dem positiven Recht eines bestimmten Staates und eines bestimmten Zeitpunktes zu beantworten, in welchem Maße das Eine oder das Andere der Fall ist."

---

macht werden und dann die Kraft einer authentischen Auslegung beziehungsweise eines rechtskräftigen Urtheils haben." Aus dem „beziehungsweise" und der Verschiedenheit der Kraft des Spruchs folgt, daß derselbe sowohl abstract sein und eine Norm enthalten oder nur ein einzelnes Verhältniß ordnen kann; im ersteren Falle hat er die Kraft des Gesetzes, im zweiten die eines rechtskräftigen Urtheils. — Braunschweig, Neue Landschaftsordnung für das Herzogthum Braunschweig vom 12. Oktober 1832, §. 231 (Störk, Handbuch, S. 359); Sachsen-Altenburg, Grundgesetz vom 29. April 1831, §. 266 Abs. 2 (Störk, Handbuch, S. 432).

[1]) Laband, R.St.R. II, S. 208 Abs 4, vgl. überhaupt a. a. O. S. 207 ff.

Wenn Laband hier „Gesetzgebung“ und „Verwaltung“ im formellen Sinne verstehen würde, so wäre ihm unbedingt beizupflichten, da er aber offenbar jene Begriffe im materiellen Sinne auffaßt, so ist zu entgegnen, daß ein und derselbe Befehl nicht ohne Aenderung seines Inhalts einen anderen sachlichen Charakter erhalten kann[1]). Insbesondere hat die Aenderung der Form keinen unmittelbaren Einfluß auf den Inhalt eines Acts.

Aus dem weiter unten[2]) Gesagten geht hervor, daß die organisatorischen Befehle, von denen Laband S. 207f. spricht, dann Verwaltungsbefehle sind, wenn ihre Wirksamkeit sich nur innerhalb des Regierungs-Apparates abspielt — z. B. „dem Oberpräsidenten wird die erforderliche Anzahl von Hülfsarbeitern beigegeben rc.“[3]) — daß dagegen Rechtssätze vorliegen, wenn jene Befehle ihre Wirksamkeit unmittelbar nach außen richten, also z. B. die Competenz von Behörden begründen und dadurch den Unterthanen eine neue Pflicht auferlegen oder ein neues Recht gewähren.

Die hier angefochtene Theorie wird am rückhaltlosesten vertreten und findet ihren deutlichsten Ausdruck bei

---

[1]) Treffend Gierke in seinem Aufsatze: Laband's Staatsrecht und die deutsche Rechtswissenschaft, in Schmoller's Jahrbuch, 7. Jahrg. 1883, Heft 4, S. 48 Anm. 2: „Allein er (Laband) tritt mit sich selbst in Widerspruch, wenn er hier staatliche Willensacte von materiell vollkommen gleichem Inhalte, je nach der für sie erforderlichen Form, bald für „Normsetzung“, bald für „Geschäftsführung“ erklärt, während er sonst überall die innere Beschaffenheit der staatlichen Handlungen lediglich nach ihrem Inhalte bestimmt. Entweder sind auch die Gesetze über Behördenorganisation nur Gesetze im formellen Sinne, oder die Verordnungen über diesen Gegenstand enthalten ebenfalls Rechtssätze.“ — Gierke hält organisatorische Bestimmungen für Rechtssätze, a. a. O. S. 48.

[2]) Vgl. unten S. 106ff.

[3]) S. unten S. 109f.

v. Sarwey[1]); der folgende Satz möge dies veranschaulichen: „Wenn jedoch die Willensäußerung der gesetzgebenden Factoren, welche hiernach an sich ein Verwaltungsact[2]) ist, als übereinstimmender Befehl der gesetzgebenden Factoren formulirt, in Gesetzesform beschlossen und verkündet wird, verliert dieselbe ihre Natur als Verwaltungsact."

Auf welche Weise diese Metamorphose vor sich geht, wird von v. Sarwey nicht verständlich gemacht. Wie es möglich ist, daß eine Willenserklärung von bestimmter innerer Beschaffenheit durch die alleinige Aenderung ihrer Form einen ganz anders gearteten Inhalt bekommt als den, welchen sie ursprünglich hatte, das ist ein Räthsel, an dessen Lösung man sich vergeblich abmühen dürfte[3]).

Kann man denn wirklich, wie einige Schriftsteller dies thun, die Behauptung aufstellen, ein staatlicher Ausspruch enthalte eine Regelung der Rechtsordnung, erfülle in jeder Beziehung den Begriff des Gesetzes, allein aus dem Grund, weil er von den verfassungsmäßigen Organen und in den bestimmten Formen der Gesetzgebung erlassen ist? Wer dies sagt, der sieht lediglich auf den Ursprung, den Urheber jenes Ausspruchs und übersieht die sachlichen Merkmale, welche in Betracht kommen. Und es muß doch einen Begriff für Rechtsgesetz geben: denn, als z. B. in Preußen noch keine Verfassung bestand, und die gesammte staatliche Gewalt in einer

---

[1]) v. Sarwey in Marquardsen's Handbuch I, 2, S. 26.

[2]) v. Sarwey versteht hier Verwaltungsact im mat. Sinne.

[3]) Ueber die Wirkung, welche die Aufnahme einer Verwaltungs-Verordnung in ein formelles Gesetz hat, wird weiter unten S. 107 ff. die Rede sein; es wird da hervorgehoben werden, daß eine Vorschrift, welche nach ihrem Wortlaute sich als Verwaltungsverordnung charakterisirt, durch Aufnahme in ein „Gesetz" zum Rechtssatze werden kann, aber nicht infolge Aenderung der Form, sondern wegen der etwa erweiterten Absicht des Gesetzgebers.

Hand unbeschränkt vereinigt war, haben sich doch unzweifelhaft die einzelnen Regierungshandlungen des Königs durch begriffliche Merkmale derartig von einander unterschieden, daß man sagen konnte: diese war eine legislative, jene eine administrative Maßregel des Monarchen. Vor Einführung der Verfassung ist es wohl Niemand eingefallen, zu behaupten: daß der Landesherr, indem er die Anweisung gab, eine Kaserne zu bauen, in seiner Eigenschaft als Gesetzgeber gehandelt habe. Und wenn man zu dem Resultate kommt: diese und jene Anordnung, beispielsweise eine Anleihe aufzunehmen, Darlehnsgeschäfte zu contrahiren, war materiell ein Verwaltungsgeschäft, kann man dann sagen: der Begriff dieser Verfügung ist ein anderer geworden, weil jetzt auch der Landtag ihr zustimmen muß? Die Verfassung hat nur die Entstehungsart der Willenserklärung verändert, nicht ihren Inhalt. Die rechtlichen Organisationen verschiedener Staaten lassen ihren Regierungen einen verschieden bemessenen, bald größeren, bald kleineren Spielraum für ihre freie Thätigkeit, für welche dieselben der Zustimmung der legislativen Versammlungen nicht bedürfen; innerhalb desselben Landes beschränken und erweitern im Laufe der Zeit Verfassungsänderungen und sonstige neue Gesetze den unabhängigen freien Entschluß der Behörden und Beamten; durch ein Gesetz kann der Regierung jede beliebige einzelne Verrichtung entzogen und der formellen Gesetzgebung überwiesen werden. Kann man denn sagen: dieselbe Thätigkeit war früher inhaltlich eine verwaltende, dagegen ist sie heute eine gesetzgeberische? Das heißt die Begriffe von Gesetzgebung und Verwaltung nicht verschieben, sondern aufheben.

Einige Beispiele von Gesetzen, welche rein formelle sind, mögen unsere Erörterungen beleuchten.

Die beiden folgenden Gesetze befehlen, bez. ermächtigen die Verwaltungsbehörde, eine Anleihe aufzunehmen, also Darlehnsgeschäfte zu contrahiren. Das Gesetz vom 17. Februar 1868[1]) bestimmt:

§. 1. „Es ist eine Anleihe aufzunehmen, welche die Mittel gewährt:

1. für die Vollendung der Eisenbahn von Göttingen nach Ahrenshausen u. s. w.“

Ferner das Gesetz vom 3. Januar 1876[2]):

§. 1. „Der Reichskanzler wird ermächtigt, die zur Bestreitung .... erforderlichen Geldmittel bis zur Höhe von 3.300.000 Mark im Wege des Credits flüssig zu machen und zu diesem Zwecke in dem Nominalbetrage, wie er zur Beschaffung jener Summe erforderlich sein wird, eine verzinsliche .... Anleihe aufzunehmen und Schatzanweisungen auszugeben.“

Andere „Gesetze“ ermächtigen die Regierung Kaufgeschäfte vorzunehmen, z. B. das Gesetz, betreffend den Erwerb mehrerer Privateisenbahnen für den Staat, vom 20. December 1879[3]):

§. 1. „Die Staatsregierung wird ermächtigt, die Verwaltung und den Betrieb folgender Eisenbahnunternehmungen, nämlich:

1. der Berlin-Stettiner Eisenbahngesellschaft nach Maßgabe des beigedruckten Vertrages vom 13. Juni 1879 ...... zu übernehmen.“

Ferner das Gesetz vom 14. Juni 1873[4]):

§. 1 Abs. 1. „Zur Erweiterung der Diensträume des Aus-

[1]) Pr. G.S. 1868, S. 71.

[2]) R.G.Bl. 1876, S. 1.

[3]) Pr. G.S. 1879, S. 635.

[4]) R.G.Bl. 1873, S. 138.

wärtigen Amts werden dem Reichskanzler für den Ankauf des Grundstücks Wilhelmsplatz Nr. 2 303 000 Thaler zur Verfügung gestellt." [1])

Andere Gesetze ermächtigen oder befehlen der Regierung, Arbeiten vornehmen zu lassen, z. B.: §. 1 des Gesetzes vom 8. März 1871 [2])

„Der Minister für Handel, Gewerbe und öffentliche Arbeiten ist ermächtigt, für Rechnung des Staats eine Eisenbahn von Hanau nach Offenbach . . . herzustellen . . ." [3])

Hierhin gehört auch §. 1 des Gesetzes vom 3. Mai 1875 [4]):

„Die bei dem Brande vom 29. und 30. December 1874 zerstörten Grundbücher des Bezirks des Grundbuchamts Stickhausen werden von Amtswegen in der durch die Grundbuchordnung vom 5. Mai 1872 bestimmten Form und Einrichtung wiederhergestellt." [5])

---

[1]) Fernere Beispiele: das Gesetz, betreffend die Erwerbung eines Grundstücks behufs Errichtung eines Gebäudes für die Kaiserliche Botschaft in Wien, vom 31. März 1874 (R.G.Bl. S. 24), das Gesetz vom 31. Mai 1874 (Pr. G.S. S. 211), betreffend den Ankauf einer Privatsammlung von Gemälden und Handzeichnungen älterer Meister. Ferner das Gesetz, betreffend den Erwerb des Rheinischen und des Berlin-Potsdam-Magdeburger Eisenbahnunternehmens für den Staat, v. 14. Febr. 1880 (Pr. G.S. S. 20) u. a. m.

[2]) Pr. G.S. 1871, S. 154.

[3]) cf. Gesetz vom 4. Februar 1880 (Pr. G.S. S. 19), §. 1: „Die Staatsregierung wird ermächtigt, für Rechnung des Staates das zweite Geleise auf der Moselbahn von Coblenz über Trier bis Carthaus bei Conz und auf der Saarbahn von Carthaus bis Dillingen zur Ausführung zu bringen."

[4]) Pr. G.S. 1875, S. 212.

[5]) Die folgenden Bestimmungen dieses Gesetzes, welche den Eigenthümern die Pflicht auferlegen, Nachweise beizubringen oder die auf ihren Grundstücken haftenden dinglichen Rechte, Hypotheken rc. anzuzeigen, sind materiell-gesetzliche.

Gleichfalls formelles Gesetz ist §. 1. des Gesetzes vom 30 April 1874[1]):

„Der Reichskanzler wird ermächtigt, Reichskassenscheine zum Gesammtbetrage von 120 Millionen Mark in Abschnitten zu 5, 20 und 50 Mark ausfertigen zu lassen 2c.“

Alle die oben aufgeführten Befehle und Ermächtigungen werden nur aus dem Grunde in Gesetzesform erlassen, weil der Preußische Landtag, bez. der Deutsche Reichstag, berechtigt und verpflichtet ist, an der Verwaltung der Staatsgelder Theil zu nehmen. Das Gleiche gilt hinsichtlich des Gesetzes vom 10. November 1871[2]), betreffend die Verwendung des Ueberschusses aus dem Bundeshaushalt vom Jahre 1870[3]) und für einen Theil der sog. Indemnitätsgesetze.

Als Beispiel für die letzteren führen wir an[4]) §. 1 des Gesetzes vom 29. März 1873[5]):

„Der Marineverwaltung wird Indemnität dafür ertheilt, daß bei den Ausgaben der Marineverwaltung Ueberschreitungen der übertragbaren Fonds im Ordinarium und Extraordinarium des Etats wiederholt und bis einschließlich für das Jahr 1871, ohne als Etatsüberschreitungen ersichtlich gemacht worden zu sein, aus

---

[1]) R.G.Bl. 1874, S. 40.

[2]) R.G.Bl. 1871, S. 392 f.

[3]) §. 2: „Der von dem Ueberschusse des etatsmäßigen Bundeshaushalts vom Jahre 1870 nach Ausführung der Bestimmung im §. 1 dieses Gesetzes verbleibende Rest ist zu den für das Jahr 1871 von dem ehemaligen Norddeutschen Bunde an die süddeutschen Staaten und Luxemburg zu leistenden Herauszahlungen aus den gemeinschaftlichen Einnahmen an Rübenzuckersteuer zu reserviren.“

[4]) Vgl. auch das Gesetz, betr. die Ertheilung der Indemnität 2c. vom 14. September 1866 (Pr. G.S. S. 563).

[5]) R.G.Bl. 1873, S. 59.

den gleichartigen für das folgende Etatsjahr bewilligten Fonds gedeckt worden sind."

Mit besonderer Ausführlichkeit ist in der Literatur das Budget[1]) als formelles Gesetz behandelt worden. Die wichtigsten und erregtesten Parteikämpfe haben auf diesem Gebiete stattgefunden, und nachdem die Leidenschaft der Parteien sich gelegt, ist die Theorie auf den Kampfplatz getreten, um die Controverse über die rechtliche Natur des Staatshaushalts-Gesetzes auszufechten. Mit Recht betont Laband[2]), daß es für die juristische Erkenntniß durchaus nothwendig ist, „daß man sich ausschließlich und allein von dem Bestreben leiten läßt, die Rechtswahrheit zu finden, unbekümmert darum, wie sich dieselbe zu den Wünschen, Tendenzen und Doctrinen der politischen Parteien verhält." Der Politiker betrachtet die Institutionen des Staates, wie sie sein sollen nach seinen Wünschen, von seinem Parteistandpunkte aus; das Staatsrecht muß sie darstellen, wie sie wirklich sind.

Es hat in der Wissenschaft nicht an Stimmen gefehlt, welche das Budget auch inhaltlich für ein Gesetz erachten. v. Martitz[3]) spricht dies unumwunden aus[4]): „Die Entwicklung des deutschen Finanzrechts .... hat die offenkundige Richtung eingeschlagen, die materielle Gesetzesnatur des Finanzetats legislatorisch über allen Zweifel zu stellen." Man wird zunächst das Zugeständniß von

---

[1]) Literaturangaben bei Laband, St.R. d. D. R. III, 2, S. 339 Anm.; G. Meyer, St.R. 2. Aufl. S. 606 N. 1. Ferner ist zu erwähnen G. Beseler, Das Reichs-Militärgesetz und das Budgetrecht, Preußische Jahrbücher Bd. 33, 1874, S. 589 ff.

[2]) Laband, Budgetrecht, 1871, S. 2.

[3]) v. Martitz, Ueber den constitutionellen Begriff des Gesetzes nach deutschem Staatsrecht, in der Zeitschrift f. d. ges. St.W. 1880.

[4]) S. dagegen oben S. N. 2 S. 14 f.

v. Martitz bereitwilligst annehmen, daß es auch eine „materielle Gesetzesnatur" giebt; daß diese aber dem Budget zukommt, muß entschieden in Abrede gestellt werden und ist von Fricker, Gneist, Laband, G. Meyer u. A. unanfechtbar widerlegt worden[1]).

Man muß sich fragen: welchen Zweck hat denn die Aufstellung eines Budgets? Aus welchem Grunde werden darin die Einnahmen und Ausgaben des kommenden Jahres einer muthmaßlichen Schätzung unterworfen und einander gegenübergestellt? Der Grund liegt auf der Hand: ein gewissenhafter Haushalter, und namentlich der Verwalter des so umfangreichen Staatsbetriebes, soll nicht ohne sorgfältige Erwägung wirthschaften, hier ausgeben, dort einnehmen, sondern es ist seine Pflicht, sich in erster Linie darüber Klarheit zu verschaffen, ob bestimmte Kosten nach ihrem Verwendungszweck für das Staatswohl geboten oder wünschenswerth sind; in letzterer Hinsicht giebt ihm die Höhe der verfügbaren Mittel einen Maßstab für die Feststellung der Ausgaben an die Hand; die letzteren sollen, wenn irgend möglich, keinen höheren Betrag erreichen als sein Einkommen; daher prüft er, welche Ausgaben er leisten will, welche Einnahmen er

---

[1]) Die Nothwendigkeit der gesetzlichen Etatsfeststellung beruht auf Verfassungsbestimmungen. Art. 69 der R.-V. lautet:

„Alle Einnahmen und Ausgaben des Reichs müssen für jedes Jahr veranschlagt und auf den Reichshaushalts-Etat gebracht werden. Letzterer wird vor Beginn des Etatsjahres nach folgenden Grundsätzen durch ein Gesetz festgestellt."

Eine ähnliche Fassung hat Art. 99 der Verfassungs-Urkunde für den Preußischen Staat vom 31. Januar 1850:

„Alle Einnahmen und Ausgaben des Staates müssen für jedes Jahr im Voraus veranschlagt und auf den Staatshaushalts-Etat gebracht werden.

Letzterer wird jährlich durch ein Gesetz festgestellt."

erheben kann, unterwirft beide einer Schätzung, stellt sie zusammen, zieht von beiden die Summe und sieht nun, ob die beabsichtigten Ausgaben durch die zu erwartenden Einnahmen gedeckt werden[1]). Daß eine solche Thätigkeit keine allgemeine Rechtsregel schafft, welche nach v Martitz die „materielle Gesetzesnatur" ausmacht, daß ein derartiger Voranschlag vielmehr begrifflich nur ein Act der Verwaltung im materiellen Sinne ist, mag nun Landtag oder Reichstag bei dieser Feststellung mitwirken oder nicht, ergiebt sich mit besonderer Klarheit aus dem Umstande, daß gesetzlich bereits feststehende Einnahmen in den Etat eingestellt werden.

Wir können uns nicht versagen, in Hinsicht hierauf aus der neuerdings von Seidler vertretenen Budgettheorie wenigstens einen Punkt herauszugreifen und denselben, obschon er nicht neu und öfters schlagend widerlegt worden ist, abermals zurückzuweisen. Seidler[2]) ist der Ansicht, daß z. B. in Preußen auch hinsichtlich der gesetzlich feststehenden Einnahmen erst durch das Etatsgesetz die rechtliche Voraussetzung ihrer Einziehung geschaffen werde, daß demnach bezüglich der durch dauernde Gesetze rechtlich normirten Einkommensquellen die Einstellung in den Etat den mit Gesetzeskraft ausgestatteten Verwaltungsbefehl[3]) bedeute, jene Einkommensquellen zu ver-

---

[1]) Natürlich soll nicht geleugnet werden, daß das Etatsgesetz und der Etat auch einen weitergehenden Beruf haben können; es ist zulässig, daß sie eben wegen ihres formell-gesetzlichen Charakters auch Rechtssätze enthalten, welche z. B. neue Steuern ausschreiben. Hierin ist aber kein essentiale des Budgets oder des Feststellungsgesetzes zu erblicken. S. unten S. 90 ff.

[2]) Seidler, Budget und Budgetrecht 2c., S. 236 f., vgl. 233.

[3]) Da Seidler sich gegen die Theorie vom mat. und form. Gesetz erklärt, so ist es merkwürdig, daß er zwischen dem „mit Gesetzeskraft ausgestatteten Verwaltungsbefehl" und dem „materiellen Gesetzesbefehl" unterscheidet. Vgl. a. a. O. S. 236, 237 „In jenen Staaten, in

wirklichen[1]). Das heißt mit andern Worten: Gesetze haben gewisse Steuern, Zölle u. s. w. für alle Zukunft normirt; aber die Regierung ist zur Ausführung dieser Gesetze nach dem Recht nicht befugt, falls sie nicht im Voraus für jedes Jahr einen neuen Vollstreckungsbefehl erwirkt. Dieser Behauptung widersprechen Art. 100 und 109 der Preußischen Verfassungs-Urkunde. Der letztere bestimmt:

> „Die bestehenden Steuern und Abgaben werden forterhoben ...."

und der erstere ist in Folge der Gegenüberstellung von „Staatshaushalts-Etat" und „besonderen Gesetzen" noch deutlicher:

> „Steuern und Abgaben für die Staatskasse dürfen nur, so weit sie in den Staatshaushalts-Etat aufgenommen oder durch besondere Gesetze angeordnet sind, erhoben werden."

Die zuletzt angeführte Norm gewinnt außerdem dadurch an Klarheit, daß sie unmittelbar hinter demjenigen Artikel sich befindet, welcher die jährliche Aufstellung eines Etats anordnet. Der Art. 100, in Verbindung mit Art. 99 und 109, läßt keinen Zweifel aufkommen, daß die Steuergesetze selbst schon der Staatsregierung ohne zeitliche Einschränkung

---

welchen periodisch die Steuergesetze zu erstrecken sind, hat die Votirung der Einzelvoten immer diesen materiell-rechtlichen Inhalt." „Bezüglich der durch dauernde Gesetze rechtlich normirten Einkommensquellen bedeutet die Einstellung in den Etat wieder den mit Gesetzeskraft ausgestatteten Verwaltungsbefehl, die rechtlich normirten Einkommensquellen zu verwirklichen; hinsichtlich der durch das Etatsgesetz neu geschaffenen Einkommensquellen liegt ein materieller Gesetzesbefehl vor." Vgl. übrigens Laband, Archiv für öffentliches Recht I, S. 190ff.

[1]) a. a. O. S. 236 f.

die Berechtigung ertheilen, die betreffenden Steuern zu erheben[1]). Wird der muthmaßliche Ertrag aus denselben dennoch in das Budget aufgenommen, so kann dies nicht die von Seidler angegebene rechtliche Bedeutung haben; denn daß da, wo bereits eine dauernde Ermächtigung zur Erhebung besteht, nochmals eine solche, und zwar für die kommende Etatsperiode, ertheilt werden müsse, läßt sich mit gutem, logischen Gewissen nicht behaupten[2]). Die Aufnahme gesetzlich begründeter Einnahmen hat lediglich den oben angeführten wirthschaftlichen Grund, nach der Zusammenstellung sämmtlicher Einnahmen die zulässige Höhe der Ausgaben abmessen zu können.

Aus alle dem ergiebt sich, daß in Preußen z. B. die Zahlung der Klassensteuer und klassificirten Einkommensteuer, deren Einziehung durch besondere Gesetze ein für alle Mal geregelt ist, auch gefordert werden darf, wenn eine Schätzung der hieraus fließenden Summen in einem Etat nicht stattgefunden hat. Mit Recht geht Laband[3]) noch weiter und behauptet, daß die Streichung einer gesetzlich begründeten Einnahme-Position aus dem Budget Seitens des Landtags ohne Zustimmung der Regierung eine staatsrechtlich unwirksame Maßregel wäre. Die Aufnahme des vermuthlichen Ertrages der klassificirten Einkommensteuer in den preußischen Etat hat nur den erwähnten wirthschaftlichen Zweck und keinerlei rechtliche Bedeutung; die Etatsposition enthält keine Gewährung, diese Steuer zu erheben, auch kein Verbot mehr,

---

[1]) Selbst v. Rönne geht von dieser Annahme aus. Vgl. v. Rönne, Das Staatsrecht der Preuß. Monarchie, 4. Aufl. I, 1881, S. 634 f.

[2]) Vgl. Laband, Archiv für öffentliches Recht I, S. 188 ff.

[3]) Laband, Budgetrecht, S. 22.

und kein Gebot[1]), gerade die veranschlagte Summe einzuziehen[2]).

Das Gleiche gilt im Deutschen Reich von den Zöllen, deren Erhebung auf Grund der Zollgesetze erfolgt. Wäre in einem Reichsbudget der Zollertrag, z. B. für Eisen vergessen worden, so müßte derselbe durch ein Nachtragsgesetz geschätzt werden. Eine solche Schätzung würde der übereinstimmenden Vermuthung der betheiligten Factoren Ausdruck verleihen, dagegen ohne alle rechtliche Wirkung sein: wird kein Eisen importirt, so bleibt der erwartete Ertrag aus; wird mehr oder weniger Eisen in das Zollgebiet eingeführt, so sind mehr oder weniger Zollgebühren zu berechnen. Die einzige Verpflichtung, welche für die Regierung besteht, ist, daß der dem importirten Quantum entsprechende Zollbetrag zur Hebung gelangt. Diese Verpflichtung beruht aber auf dem Zollgesetze und nicht auf dem Budget. Ein Beispiel, welches die formelle Gesetzesnatur des Etats mit besonderer Klarheit veranschaulicht, bietet das preußische Gesetz, betreffend die Feststellung eines Nachtrages zum Staatshaushalts-Etat für das Jahr vom 1. April 1878/79, vom 3. Januar 1879 und dieser Nachtrag selbst[3]).

Unter Einnahme wird lediglich constatirt, daß die preußische Finanzverwaltung des Jahres vom 1. April 1877/78 einen Ueberschuß erzielt hat. Wir geben Gesetz und Nachtrag ihrer Kürze halber vollständig wieder:

---

[1]) Ebenso G. Meyer, Der Begriff des Gesetzes 2c., in Grünhut's Zeitschrift VIII, S. 47.

[2]) Die entgegengesetzte Auffassung vertritt Grotefend, Das Deutsche Staatsrecht der Gegenwart, 1869, S. 630: „das Budget ... ist ... das materielle und rechtliche Fundament der Steuergesetze." Ausführlich widerlegt sind diese Behauptungen u. A. von Laband, (Budgetrecht, vgl. S. 22 N. 12) und von G. Meyer (in dem in Anm. 1 cit. Aufsatze).

[3]) Pr. G.S. 1879, S. 1 f.

„§. 1. Der diesem Gesetze als Anlage beigefügte Nachtrag zum Staatshaushalts-Etat für das Jahr vom 1. April 1878/79 wird

in Einnahme

auf 5 119 345 Mark

und in Ausgabe

auf 5 119 345 Mark

festgestellt und tritt dem durch das Gesetz vom 9. Februar 1878 (Gesetz-Sammlung S. 21) festgestellten Staatshaushalts-Etat für das Jahr vom 1. April 1878/79 hinzu.

§. 2. Der Finanzminister ist mit der Ausführung dieses Gesetzes beauftragt.

Nachtrag
zum
Staatshaushalts-Etat für das Jahr vom 1. April 1878/79.

Einnahme.

I. Finanzministerium.

Allgemeine Finanzverwaltung.

Aus dem Ueberschusse der Verwaltung des Jahres vom 1. April 1877/78 . . .	5 119 345.
Summe der Einnahme	5 119 345.

Ausgabe.

Dauernde Ausgaben.

C. Staatsverwaltungs-Ausgaben.

III. Allgemeine Finanzverwaltung.

Beiträge zu den Ausgaben des Deutschen Reichs.

Mehrbetrag des Matricularbeitrages . .	5 119 345.
Summe der Ausgabe	5 119 345.

Abschluß.

Es beträgt:	die Einnahme	5 119 345.
	die Ausgabe	5 119 345.“

Aus der Auffassung des Budgets als eines Verwaltungsacts haben die Anhänger dieser Theorie eine Schlußfolgerung gezogen, welcher sie eine große praktische Bedeutung beimessen. Dies ergiebt sich insbesondere aus der folgenden Aeußerung Labands[1]):

> „Dieser Grundsatz, daß die Verwaltung den bestehenden Gesetzen gemäß geführt werden muß, ist ein Postulat der gegenwärtigen Gesittung, ein auch ohne ausdrückliche Sanction der Verfassungs-Urkunde dem Rechtsbewußtsein der Zeit eingeprägtes Princip.
>
> Wendet man dies auf den oben entwickelten Satz an, daß die Aufstellung des Etats ein Verwaltungsgeschäft ist, so ergiebt sich der Rechtssatz:
>
> Die Feststellung des Etats muß dem geltenden Recht gemäß geschehen."

Dieser letzte Satz kann jedoch nach anderweitigen Behauptungen desselben Schriftstellers nur unter einer gewissen Einschränkung Geltung haben. Laband hebt nämlich mit Recht hervor, daß auch Abänderungen und Suspendirungen[2])

---

[1]) Laband, Budgetrecht, S. 19 f.; s. auch S. 35 Abs. 5, S. 39 Abs. 2. S. unten S. 92 N. 1.

[2]) Der Etat kann die Rechtsordnung auch ergänzen; Laband, Budgetrecht, S. 14: „Da nämlich bei der Feststellung des Budgets die Form der Gesetzgebung innegehalten wird, so ist staatsrechtlich kein Hinderniß vorhanden, auch materiell-gesetzliche Bestimmungen in das Etatsgesetz aufzunehmen. Ja es kann der Fall eintreten, daß dies sogar unerläßlich nothwendig wird. Wenn z. B. eine Steuer mit einem verschiebbaren Gesammtertrag eingeführt wird, so daß alljährlich nach den Bedürfnissen des Staates ihre Höhe bestimmt werden soll, so ist das Gesetz über die Steuer, da es die Höhe derselben nicht normirt, unvollständig, und zwar mit Absicht unvollständig, und bedarf einer Ergänzung durch den jedesmaligen Etat, die ebenfalls den Charakter eines Gesetzes hat und mit dem Gesetz über die Steuer zusammen die rechtliche Grundlage für die Erhebung der Steuer bildet."

von Rechtsvorschriften durch den Etat vorgenommen werden dürfen; insbesondere erwähnte er, daß der Etat die bestehenden Einrichtungen auf dem Gebiete des Militairwesens, der Kriegsmarine und der im Art. 35 der R.-V. bezeichneten Abgaben verändern, ihre Aufrechthaltung unmöglich machen oder die Sonderrechte einzelner Staaten abändern könne[1]). Die Abänderung oder Suspendirung gesetzlicher Vorschriften kann auch stillschweigend geschehen, insofern dieselben nicht berücksichtigt werden. In dieser Beziehung sagt Laband[2]): „eine Abänderung der Sonderrechte einzelner Staaten kann auch ohne formelle Aufhebung bestimmter Artikel der Verfassungs-Urkunde dadurch eintreten, daß man sie thatsächlich nicht berücksichtigt, und dazu bietet gerade der Etat vielfache Gelegenheit."

Daß gerade die Form des Gesetzes es gestattet, auch solche Bestimmungen in das Feststellungsgesetz oder den Etat aufzunehmen, welche die bestehende Rechtsordnung ergänzen oder abändern, ist von Laband mehrfach hervorgehoben worden.

Will man nun zwischen diesen Behauptungen und dem Satze, der Etat müsse dem geltenden Recht gemäß festgestellt werden, nicht einen vollkommenen Widerspruch erblicken, so muß man den letzten Satz restrictiv interpretiren. Laband will nämlich offenbar gar nicht sagen, daß der Etat unter allen Umständen dem geltenden Rechte gemäß festzustellen

---

[1]) Laband, Staatsrecht des D. R. Bd. III, 2, S. 341, 342.

[2]) Laband a. a. O. S. 342, Nr. 2. – Eine derartige Nichtberücksichtigung von Sonderrechten ist zweifellos auch dann verfassungsmäßig und staatsrechtlich gültig, wenn sie stillschweigend geschieht — vorausgesetzt, daß gemäß Art. 78 Abs. 2 der R.-V. der berechtigte Bundesstaat einwilligt. Laband a. a. O. Vgl. v. Sarvey in Marquardsen's Handbuch I, 2, S. 26 f.

sei, sondern nur, daß keiner der dabei mitwirkenden Factoren, Regierung und Kammern, ohne Zustimmung des oder der übrigen Factoren von dem geltenden Rechte abweichen dürfe [1]).

Daß dies die eigentliche Ansicht Laband's ist, geht ganz unzweifelhaft aus verschiedenen andern Stellen seines Budgetrechts, namentlich aber aus der folgenden hervor [2]): „Es zeigt sich hierin eine Wirkung des Satzes, daß die Aufstellung des Etats ein Verwaltungsact ist, der den Gesetzen gemäß geschehen soll; die Streichung einer gesetzlich bestehenden Steuer aus dem Etat Seitens des Landtags ohne Zustimmung der Regierung wäre ein Rechtsbruch, ein staatsrechtlich unwirksamer Act."

Die in Rede stehende Auffassung Laband's wäre demnach genauer also zu formuliren:

---

[1]) Daß der Etat als Verwaltungsmaßregel dem geltenden Rechte gemäß festzusetzen sei, wird gleichfalls behauptet von H. Schulze, Lehrbuch des Deutschen Staatsrechts I, S. 588; ebenso: derselbe, Preuß. Staatsrecht II, S. 437 f.; G. Meyer, Lehrbuch des Deutschen Staatsrechts, 1. Aufl. S. 537, 2. Aufl. S. 609; derselbe, Der Begriff des Gesetzes rc., in Grünhut's Zeitschrift Bd. VIII, S. 6f., 49. Trotzdem sagt G. Meyer, am letzterwähnten O. S. 26: „Die Anwendung der Gesetzesform ist bei denselben (nämlich bei Verfügungen, welche nach G. Meyer Verwaltungsacte sind) nur dann erforderlich, wenn sie entweder durch die Verfassung vorgeschrieben wird, oder wenn die betreffende Verfügung eine Abweichung von einem gesetzlich festgestellten Grundsatze enthält." S. ferner Gneist, Gesetz und Budget, S. 166 und Anm. (Literatur).

[2]) Laband, Budgetrecht, S. 22, ferner S. 15 f.: „wenn aber die Regierung und beide Häuser einverstanden sind, mit dem Acte der Etatsfestsetzung zugleich solche gesetzliche Anordnungen zu verbinden, und die Krone ein derartig formulirtes Gesetz sanctionirt und verfassungsmäßig publicirt, so kann die staatsrechtliche Geltung eines solchen Gesetzes weder im Ganzen noch in irgend einem Theile . . . angefochten werden . . . ."

„Die Volksvertretung oder die Regierung muß ein Gesetz, welches ein materielles Verwaltungsgeschäft enthält, mithin auch den Etat, dem geltenden Rechte gemäß genehmigen; Abweichungen von dieser Regel sind nur dann statthaft, wenn alle betheiligten Organe sich in Uebereinstimmung befinden."

In allen diesen Fällen rettet Laband sein Princip, daß der Etat als Verwaltungsmaßregel dem geltenden Rechte gemäß festgestellt werden müsse, dadurch, daß er in allen Abweichungen vom geltenden Rechte selbst dann materiell-gesetzliche Normen, Rechtssätze erblickt[1]), wenn es sich dabei nur um Bestimmungen für den Einzelfall handelt. Eine Widerlegung dieser Auffassung ist oben versucht worden. Die Thatsache, daß weder der Landtag noch die Regierung, ein jeder Factor für sich allein (sondern nur beide in ihrem Zusammenwirken), die Streichung einer gesetzlich begründeten Einnahme aussprechen oder eine auf Gesetz beruhende Anstalt im Budget aufheben können, hat nicht darin ihren Grund, daß das Budget materiell ein Verwaltungsact ist, sondern vielmehr in dem Umstande, daß jene Einnahme oder jene Anstalt eben auf Gesetz beruhen und ein solches wegen seiner formellen Kraft nur wieder durch Gesetz und nicht durch einseitige Beschlüsse der Volksvertretung oder der Regierung aufgehoben werden kann[2]).

---

[1]) Laband, St.R. d. D. R. II, S. 3; s. oben S. 64 N. 1.

[2]) Dies wird anerkannt von Laband, Budgetrecht, S. 22: „Die Streichung einer solchen (gesetzlich begründeten) Einnahme-Position im Etat aber wäre juristisch wirkungslos und involvirte eine Rechtsverletzung von Seiten der Kammer. Nur durch Gesetze, nicht durch einseitige Beschlüsse des Abgeordnetenhauses können gesetzlich begründete Anstalten und Einrichtungen des Staates beseitigt werden." Ferner derselbe, St.R. des D. R. III, 2, S. 348: „Hält man den

obersten Grundsatz des constitutionellen Staatsrechts fest, daß das bestehende Recht und die rechtlich begründeten Institutionen des Staats nur unter Uebereinstimmung von Souverain und Volksvertretung, nicht einseitig von einem dieser beiden Organe verändert werden dürfen, so ergiebt ich als unabweisliche Consequenz, daß der Reichstag nicht einseitig die bestehenden Gesetze durch Verweigerung der zu ihrer Ausführung nothwendigen Mittel suspendiren oder aufheben kann, daß es nicht alljährlich in sein Belieben gestellt sein kann, die Fortgeltung der Reichsgesetze und die Fortdauer der Reichsinstitute zu genehmigen oder zu unterdrücken." — Erwähnt sei, daß G. Meyer (in Grünhut's Zeitschrift Bd. VIII, S. 7 und 49) aus der Auffassung des Etats als eines Verwaltungsgeschäfts noch die weitere Consequenz zieht: „Auch wenn das Etatsgesetz nicht zu Stande kommt, ist die Regierung befugt, die auf allgemeinen Gesetzen beruhenden Staatseinnahmen zu erheben und Staatsausgaben zu leisten". Diese Berechtigung der Regierung beruht, wie G. Meyer in dem cit. Satze angiebt, gerade „auf allgemeinen Gesetzen". Aus diesem Beruhen auf allgemeinen Gesetzen ist also die Berechtigung der Regierung zur Erhebung von Einnahmen und Leistung von Ausgaben herzuleiten, und es ist nicht abzusehen, weßhalb dasselbe Resultat aus dem ferneren Umstande sich ergeben soll, daß die Feststellung des Etats ein Verwaltungsact ist.

IV.

An wen richtet sich der Befehl des Gesetzes?

Wie oben ausgeführt wurde, ist nur diejenige Willensäußerung ein Befehl, Inhalts deren ein Anderer als der Erklärende etwas thun, dulden oder unterlassen soll. Im materiellen Gesetz ist der Befehlende der Staat; es fragt sich nun: an wen richten sich seine Imperative? Hierauf hat die Theorie eine dreifache Antwort ertheilt: an den Staat, an die Behörden, an die Unterthanen[1]).

Was die erstere Auffassung anlangt, so entsteht die weitere Frage: kann der Gesetzgeber seinen Willen durch das Gesetz binden[2])? Daß dies logisch denkbar und auch that-

[1]) Vgl. v. Ihering, Der Zweck im Recht I, 2. Aufl. S. 332 ff.

[2]) Jellinek, Die rechtliche Natur der Staatenverträge, S. 6 ff., 19 ff., Anm. 30 und 31, ferner S. 23: „Und wenn der Gesetzgeber die bestehenden Gesetze ändern kann, so ist doch stets ein neuer selbständiger Willensact zu einer solchen Aenderung nothwendig. So lange der Gesetzgeber nicht ein Anderes gewollt hat, sind die von ihm aufgestellten, an ihn sich richtenden Vorschriften für seinen Willen bindend." Mir scheint, wenn der Gesetzgeber jederzeit ein Anderes wollen und seine Vorschriften ändern kann, daß diese nicht bindend für ihn sind. So lange der Staat freilich nicht ein Anderes gewollt hat, will er noch immer dasselbe, und sind die Gesetzesunterthanen und nicht der Gesetzgeber verpflichtet; dieser ist nicht in der Freiheit beschränkt, ein Anderes zu wollen und anzuordnen.

S. 19 und Anm. 30 l. c. erblickt Jellinek in der Octroyirung

sächlich der Fall sei, ist zu Unrecht mehrfach behauptet worden, namentlich mit Rücksicht auf Bestimmungen der Verfassungen, welche deren Abänderung erschweren, von einer größeren Majorität bei der Abstimmung der maßgebenden Factoren abhängig machen u. s. w. Die angebliche Möglichkeit der Selbstbindung des Willens bedeutet nichts Anderes als: kann der Gesetzgeber sich selbst befehlen? Denn die Verpflichtung, welche das Gesetz erzeugt, beruht auf dem ihm innewohnenden Gebot oder Verbot.

Auf die eben gestellte Frage hat hinsichtlich der Strafgesetze u. A. Binding eine bejahende Antwort ertheilt; er sagt[1]): „So ist es anders Niemand als der zur Bestrafung

---

einer Verfassung Seitens des Fürsten eine Selbstverpflichtung desselben. Der Umstand, daß der Monarch eine octroyirte und in Kraft getretene Verfassung nicht mehr selbständig abändern kann, hat vor Allem darin seinen Grund, daß die Verfassung neue Formen für die staatliche Willenserklärung, für das Gesetz, vorschreibt. Der Monarch, welcher es unternähme, jene Verfassung selbständig abzuändern, würde jene Formen nicht innehalten, und sein derartiger Wille wäre daher gar nicht Gesetz; der Monarch hat, indem er complicirtere Formen für die Rechtsbildung vorschrieb, sich faktisch und rechtlich die Möglichkeit genommen, selbständig Gesetzeswillen zu bilden. Vgl. auch Jellinek, Die Lehre von den Staatenverbindungen, 1882, S. 34; ähnlich: Thon, Rechtsnorm und subjektives Recht, S. 140ff. und derselbe in Grünhut's Zeitschrift Bd. X, S. 716ff., ferner Brie in Grünhut's Zeitschrift Bd. XI, S. 97. — Gegen die Jellinek'sche Theorie der Selbstverpflichtung: Gareis in Marquardsen's Handbuch I, 1, S. 30; Gierke in Schmoller's Jahrbuch, N. F. VII, 4. H. S. 77 N. 1; Zorn in Hirth's Annalen 1884, S. 475 Anm. 1; H. Göppert, Gesetze haben keine rückwirkende Kraft, herausgegeben von E. Eck, Jahrb. f. d. Dogmatik, 1884, S. 115f. Neuerdings Eisele, Unverbindlicher Gesetzesinhalt, Prorect. Progr. d. Univers. Freiburg, 1885, S. 12ff.

[1]) Binding, Die Normen und ihre Uebertretung Bd. I, S. 13, s. auch S. 14: „Da im Strafgesetz der Staat Niemand Anderem gebietet als sich selbst ....“ a. A.: Binding, Handbuch des Strafrechts, I, 1885, S. 191: „Das Strafgesetz ist überhaupt kein Befehl, sondern

Berufene, dem der Befehl in dem Gesetze gilt, d. h. der das Strafgesetz erlassende Staat selbst." Mit Recht kann man solcher Behauptung den Ausspruch v. Ihering's entgegenhalten: „Imperative an sich selber sind eine contradictio in adjecto" [1]).

Unter Gesetzgeber verstehen wir Niemanden anders als den Staat selbst mit Beziehung auf seinen Beruf, das Rechtsleben der Gesammtheit und der Einzelnen durch feste Normen zu ordnen. Diese letzteren enthalten Imperative. Wenn ein Befehl erlassen werden soll, muß eine Person vorhanden sein, welche eine Anordnung erläßt, und eine andere, an welche die Aufforderung ergeht [2]). Der Erklärende muß ein Zwangsmittel besitzen, das seinen Willen gegenüber dem anderen Willen durchzusetzen strebt. An sich selbst kann daher Niemand einen Imperativ richten. Welches Zwangsmittel wäre wohl vorhanden, wenn der Befehlende und derjenige, welcher gehorchen soll, identisch sind, und wie sollte vollends die dem Gesetzesbefehle entsprechende Pflicht zu gehorchen, begründet werden? Auch der Gesetzgeber darf und kann nur innerhalb der für ihn selbst bestehenden Schranken handeln; er ist nicht im Stande, etwas Unmögliches zu befehlen oder an sich selber ein Gebot zu richten. Auch für den Staat besteht kein Zwangsmittel, das ihn nöthigen könnte, seine eigenen Vor-

berechtigender Satz." Binding giebt zu (a. a. O.), daß durch jedes Strafgesetz eine Strafpflicht entstehe; die letztere vermag nur durch einen Befehl ins Leben gerufen zu werden; dieser kann sich aber nicht an den erlassenden Staat, wohl aber an diejenigen richten, welche das Strafgesetz handhaben sollen. Ueber den Gegensatz von Norm und Strafgesetz Binding a. a. O. S. 155 ff., 175 ff. und derselbe, Die Normen, S. 3 ff., 23 ff.; Literatur betreffend die Adresse des Strafgesetzes, bez. der Norm, ebend., S. 7, 9, N. 10, 11, 16, 17 und Handbuch, S. 187 f. N. 2.

[1]) v. Ihering, Der Zweck im Recht I, 2. Aufl. S. 332.

[2]) Merkel, Juristische Encyclopädie, 1885, S. 27. §. 43.

schriften zu halten. Nur bestimmten höheren Normen des Sittengesetzes muß er sich im Allgemeinen fügen, seinen eigenen dagegen nicht; ja er ist sogar verpflichtet, sobald er zu der Ueberzeugung gelangt, daß ein neuer Rechtsgedanke in stärkerem Maße den Erfordernissen der Gerechtigkeit oder Zweckmäßigkeit entspricht, seinen früheren Willen aufzuheben und den neuen, für richtiger erkannten zur Geltung zu bringen. Aus alledem ergiebt sich, daß der Gesetzgeber nicht selber Unterthan seiner Gesetze ist. Jene Beschränkungen, welche die Verfassungen für den Fall ihrer Aenderung festsetzen, sind nicht Befehle des Staates an sich selber, sondern an die einzelnen legislativen Factoren [1]).

Hiermit scheidet die Theorie der staatlichen Selbstverpflichtung aus unserer Untersuchung definitiv aus. Die beiden anderen Doctrinen kommen der Wahrheit näher. Zwei Fälle sind möglich. Der Rechtssatz ist nämlich entweder ausschließlich an die Unterthanen [2]) gerichtet — alsdann gebietet er dem einen Genossen, während er dem andern eine rechtliche Macht ertheilt — oder er redet gleichzeitig Unterthanen und Behörden an; hier ist wieder zu scheiden: der Befehl kann sich an die Unterthanen richten, während den Behörden eine Gewährung ertheilt wird; er kann aber auch umgekehrt an die staatlichen Organe ergehen, in welchem Falle ihm eine Gewährung für die Unterthanen correspondirt.

---

[1]) Vgl. Eisele, Unverbindlicher Gesetzesinhalt, S. 12 ff.

[2]) Zur Vereinfachung der Terminologie in Folgendem sei bemerkt: unter Gesetzesunterthanen sind nicht nur die Organe der staatlichen Gewalt, wie der Herrscher, die Richter, die Behörden sowie in einem Bundesstaate auch die Einzelstaaten, sondern auch im Gegensatze zu den Verwaltungsorganen die Unterthanen, unter letzteren nicht nur Staatsangehörige, sondern auch Ausländer sowie solche zu verstehen, welche keinem Staatsverbande angehören, wie z. B. diejenigen, welche ihr früheres Bürgerrecht verloren, ein neues dagegen nicht erworben haben.

Die Paragraphen der Strafgesetze enthalten in der Regel folgende Imperative: einen Befehl an den Unterthan[1]) „als möglichen Verbrecher", z. B. „Du sollst nicht stehlen"[2]); sodann ein bedingtes Gebot an den Richter[3]): „wenn X gestohlen hat, so sprich eine Strafe gegen ihn aus"; endlich auch einen hypothetischen Befehl an den Verbrecher, sich strafen zu lassen. Die Bestimmungen des Privatrechts wenden sich in der Regel gleichfalls an Unterthanen und Richter, nur in seltenen Fällen ausschließlich an die ersteren (leges imperfectae). Der Rechtssatz, der die Wirkung der Großjährigkeit ausspricht, stellt zunächst an den

---

[1]) Anders Binding, Die Normen I, S. 10, 11. Seine Ausführung ist in Kürze folgende: wenn diejenigen durch das Strafgesetz gebunden würden, welche die darin geschilderte Handlung begangen haben, so würde der Befehl dem Verbrecher die Rechtspflicht auferlegen, die verdiente Strafe auf sich zu nehmen; entzöge er sich dieser, so begehe er ein neues Verbrechen; für diese Nichterfüllung seiner Straferduldungspflicht habe er eine neue Strafe verwirkt; sollte er sich auch dieser zweiten Strafe entziehen, so begehe er ein drittes Delict u. s. f. „und der dauernd flüchtige Verbrecher wandelte den Weg der ewig sich verjüngenden Unthat." Die Nichterfüllung der Straferduldungspflicht ist nicht mit Strafe bedroht; der Verbrecher macht sich daher nicht von Neuem dadurch strafbar, daß er sich der Gerechtigkeit entzieht — nulla poena sine lege.

[2]) Nach Binding haben derartige Normen eine selbständige Geltung gegenüber dem Strafgesetz, gehen demselben vorauf und sind ungesetztes Recht. Binding, Die Normen I, S. 28 f., 31, 68 f., 70; desselben Handb. d. Str. R. I, S. 159, 161 ff. Binding giebt zu, daß der Gesetzgeber die Norm durch Bedrohung ihrer Uebertretung mit seiner Autorität ausstattet (a. letztgen. O. S. 161). Das heißt in der That nichts Anderes, als daß er sie — i. e. einen Rechtssatz — verbindlich anordnet, ein derartiger Act ist aber ein Gesetz und die Norm daher Bestandtheil des gesetzten Rechts. Vgl. unten S. 156 f. und Wach, Gerichtssaal, 1873, S. 434 ff.

[3]) Enthielte die Norm wirklich einen „Befehl" des Staates an sich selber, hätte er sich demnach verpflichtet zu strafen, so wäre das Begnadigungsrecht des Staatsoberhauptes nicht zu erklären und unzulässig. Vgl. H. Göppert a. a. O. S. 115 f.

Großjährigen u. a. die Anforderung: „erfülle Deine Verträge" und gebietet sodann dem Richter: „suche den Großjährigen zur Erfüllung zu zwingen" [1]). Die Imperative an den letzteren sind dadurch bedingt, daß eine Rechtsverletzung vorliegt, der Fall zur richterlichen Cognition gelangt, die Verletzung bewiesen wird, und event. daß der Berechtigte seinen Antrag auf Verurtheilung aufrecht erhält.

Würden die Imperative des Straf- und Civilrechts in Wahrheit nur den Richter anreden, so gingen sie den Unterthan unmittelbar gar nichts an; der Räuber, der Dieb könnten das Gesetz, welches ihnen nichts vorschreibt, nicht verletzen; der Vertragsbrüchige könnte kein Unrecht begehen, sondern sie Alle setzten sich nur der Unannehmlichkeit aus, wenn der Fall zur Entscheidung kommt, verurtheilt zu werden, und sie könnten in der Verurtheilung nur ein unangenehmes Ereigniß, nicht aber die Wiederherstellung der durchbrochenen Rechtsordnung erblicken. Allein der Richter, welcher es unterließe, das Gesetz anzuwenden, könnte sich einer Rechtsverletzung schuldig machen.

Wie bereits hervorgehoben worden ist, kann man als Unterthanen nicht nur Inländer, sondern auch Ausländer bezeichnen.

Während §. 88 St.G.B. in seinem Verbote sich ausschließlich an deutsche Unterthanen richtet, indem er ihnen u. a. untersagt, während eines gegen das Deutsche Reich ausgebrochenen Krieges in der feindlichen Kriegsmacht Dienste zu nehmen oder die Waffen gegen das Deutsche Reich oder dessen Bundesgenossen zu tragen (Landesverrath), wendet sich

---

[1]) v. Ihering, der Zweck I, 2. Aufl. S. 334, 335, findet hier nur Imperative an den Richter.

das Strafgesetzbuch in fast allen seinen sonstigen Bestimmungen zugleich an die Ausländer (Territorialprincip).

Andere Bestimmungen desselben betreffen die letzteren allein. Ein Beispiel bietet §. 39. l. c.:

> „Die Polizeiaufsicht hat folgende Wirkungen .....
> 2) Die höhere Landespolizeibehörde ist befugt, den Ausländer aus dem Bundesgebiete zu verweisen ..." [1]).

Gesetzesunterthanen mannigfacher Art finden wir in den Verfassungen [2]); die Bestimmungen derselben richten sich nicht nur an die Staatsbürger, sondern auch an den Regenten, die gesetzgebenden Factoren überhaupt.

Art. 55 der Preußischen Verfassungs-Urkunde wendet sich zunächst unmittelbar an den König:

> „Ohne Einwilligung beider Kammern kann der König nicht zugleich Herrscher fremder Reiche sein."

Art. 99 a. a. O. ordnet an, daß der Staatshaushalts-Etat jedes Jahr im voraus durch ein „Gesetz" festgestellt werde, und befiehlt dadurch der Regierung, denselben auszuarbeiten und dem Landtage rechtzeitig vorzulegen, und gebietet dem letzteren, denselben, soweit er richtig und zweckdienlich erscheint, anzunehmen.

Die Reichsverfassung richtet sich auch an die Einzelstaaten und deren gesetzgebende Factoren. Nach Art. 2 geht Reichsrecht dem Landesrecht vor. Das Reich kann daher

---

[1]) Ferner §. 284 Abs. 2. l. c. (Glücksspiel).

[2]) Verfassungssätze bestimmen im Allgemeinen ein Rechtsverhältniß zwischen Staatsorganen und Unterthanen. Wird ersteren ein Befehl ertheilt, so haben letztere das — mitunter nicht erzwingbare — Recht, die Befolgung zu verlangen. Es giebt unzweifelhaft öffentlich-rechtliche Pflichten der Unterthanen, z. B. der Militärpflicht zu genügen u. a. m.; es liegt m. E. kein Grund vor, den correlaten Begriff des subjectiven Rechts vom öffentlich-rechtlichen Gebiet hinsichtlich der Unterthanen auszuschließen.

nicht nur Gesetze der Einzelstaaten aufheben, sondern ihnen sogar die Legislative in einem bestimmten Sachgebiete entziehen[1]), so daß ein späteres Gesetz des betreffenden Staates nichtig wäre, auch wenn das Reich die Materie noch nicht geregelt hätte. Ein derartiges Verbot ist z. B. ergangen hinsichtlich des Zollwesens (Art. 4 Nr. 2, 33, 35 d. R.=V.), ferner in Betreff der Besteuerung des im Bundesgebiete gewonnenen Salzes und Tabaks ꝛc. In diesen Bestimmungen erläßt das Reich unmittelbar an die Einzelstaaten, als Gesetzesunterthanen, ein Verbot, durch Landesgesetze einen Zoll festzusetzen oder Tabak und Salz mit einer Steuer zu belegen. Wäre wirklich, wie behauptet wird, der Staat, also hier das Reich, nicht nur der Befehlende, sondern auch zugleich derjenige, an welchen der Befehl gerichtet ist, so würde das Reich im Art. 35[2]) seiner Verfassung nur erklären, daß es sich verpflichte, die Gesetzgebung der Einzelstaaten über Zollwesen und Besteuerung des Salzes und Tabaks nicht zu dulden und jedes derartige Gesetz sowie die auf Grund eines

---

[1]) Diese Entziehung kann auch durch besondere Gesetze erfolgen; z. B. bestimmt §. 1. des Gesetzes über die Ausgabe von Papiergeld, vom 16. Juni 1870 (B.G.Bl. S. 507): „Bis zur gesetzlichen Feststellung der Grundsätze über die Emission von Papiergeld (Art. 4. Nr. 3. der Bundes=Verfassung) darf von den Staaten des Norddeutschen Bundes nur auf Grund eines auf den Antrag der betheiligten Landesregierung erlassenen Bundesgesetzes Papiergeld ausgegeben oder dessen Ausgabe gestattet werden."

Ferner §. 1. des Gesetzes über die Ausgabe von Banknoten, vom 27. März 1870. (B.G.Bl. S. 51): „Vom Tage der Wirksamkeit dieses Gesetzes kann die Befugniß zur Ausgabe von Banknoten nur durch ein auf Antrag der betheiligten Landesregierung erlassenes Bundesgesetz erworben werden. . . . ."

[2]) Art. 35 d. R.=V.: „Das Reich ausschließlich hat die Gesetzgebung über das gesammte Zollwesen, über die Besteuerung des im Bundesgebiete gewonnenen Salzes und Tabaks. . . . ."

solchen getroffenen Maßnahmen aufzuheben. Allein diesen Sinn kann der cit. Art. 35 unmöglich haben. Denn sollte wirklich ein Landesgesetz, betreffend das Zollwesen oder die Besteuerung des im Bundesgebiete gewonnenen Salzes oder Tabaks, ergehen, so brauchte das Reich nichts zu unternehmen, um die Annullirung herbeizuführen; es wäre ein todtgeborenes Gesetz.

Von den Rechtssätzen unterscheiden sich die abstracten Verwaltungsvorschriften — Verordnungen im materiellen Sinne — dadurch, daß sie sich nur an die Regierungsorgane und nicht auch an die Unterthanen wenden; sie richten an die Behörden und Beamten einen Befehl, welchem keine den Unterthanen ertheilte Gewährung entspricht.

Das Wort Verordnung wird ebenso wie Gesetz in einem materiellen und einem formellen Sinne gebraucht[1]). Auch hier gebührt Laband das Verdienst, diese Unterscheidung zuerst so eingehend wissenschaftlich begründet zu haben, daß sie die herrschende geworden ist. Der materielle Begriff der Verordnung ergiebt sich nach Laband[2]) aus dem Gegensatze zum materiellen Gesetzesbegriffe; er sagt: „Da das Gesetz die Anordnung einer Rechtsregel ist, so muß die Verordnung im Gegensatz zum Gesetze einen andern Inhalt haben; sie enthält keinen Rechtssatz, sondern ist eine Anordnung auf dem Gebiete der Verwaltung, eine Ausübung der freien Regierungsthätigkeit.“ Verordnungen im formellen Sinne sind dagegen diejenigen Anordnungen, welche einseitig von der Staatsregierung, ohne Mitwirkung der Volksvertretung, erlassen sind.

---

[1]) Grotefend, Das Deutsche Staatsrecht der Gegenwart, 1869, S. 540; Laband, St.R. d. D. R. II, 1878, S. 68 ff.; derselbe in Marquardsen's Handbuch II, 1, 1883, S. 85 f.

[2]) Laband, St.R. d. D. R. II, S. 68.

Da in diese Form unter gewissen Voraussetzungen auch Rechtssätze gekleidet werden können, so haben wir demnach zwischen Rechtsverordnungen und Verwaltungsverordnungen[1]) zu unterscheiden; die ersteren berühren unmittelbar die Rechtskreise der Unterthanen[2]), die letzteren dagegen haben nur innerhalb des behördlichen Organismus selbständige Geltung. Die materiellen Verordnungen sind mit einem Zwangsmittel versehen, das auf der staatlichen Hierarchie, auf der Machtbefugniß des Vorgesetzten gegenüber dem Untergebenen beruht; sie können zwar Regeln enthalten, sie sind aber keine Rechtsbefehle. Sie legen den Beamten keine Rechtspflicht auf, wie die strafrechtlichen Bestimmungen über Amtsvergehen[3]), sondern nur Amtspflichten; sie üben eine Wirkung auf die Unterthanen entweder überhaupt nicht, oder wenigstens nicht unmittelbar.

Ein Rechtssatz wird dagegen überall da vorliegen, wo eine Vorschrift eine Wirkung unmittelbar auf die Unterthanen

---

[1]) Vgl. statt Aller: Laband in Marquardsen's Handbuch II, 1, S. 85f. (ebenda S. 86 Anm. 2. Literaturangaben); H. Schulze, Lehrb. des D. St.R. I, S. 528ff.; G. Meyer, Lehrb. des D. St.R., 2. Aufl. S. 465f.; desselben Lehrb. des D. Verw.R. I, S. 8; Ulbrich, Lehrb. d. Oesterr. St.R. S. 391f.; Rosin, Das Polizeiverordnungsrecht, S. 19, 22ff.; v. Stengel, Die Organisation der Preuß. Verw., S. 28.

[2]) Laband, St.R. d. D. R. II, S. 234; H. Schulze, Lehrb. des D. St.R. I, S. 529f.; G. Meyer, Lehrb. d. D. St.R., 2. Aufl. S. 466; Rosin, Das Polizeiverordnungsrecht, S. 22, u. A. m. Vgl. auch die unten S. 123ff. wiedergegebenen Ausführungen eines kammergerichtlichen Erkenntnisses.

[3]) Ein Beamter kann nur insoweit als Organ handeln, als das Recht dies bestimmt, und insoweit gilt sein Wille als Staatswille. Begeht ein Beamter ein Amtsdelict, so hat er juristisch nicht als Organ, sondern als Unterthan gehandelt. Die strafrechtlichen Bestimmungen über Amtsvergehen sind Rechtssätze, weil sie die Person des Beamten nicht in ihrer Eigenschaft als Staatsorgan, sondern als Unterthan treffen.

erstreckt und deren Rechtsverhältnisse berührt, mag auch ihr Wortlaut ausschließlich von den Rechten und Pflichten der Staatsorgane reden. Alle diese Umstände treffen z. B. zu in §. 77 Ger. V.G.:

„Die Kammern entscheiden in der Besetzung von drei Mitgliedern mit Einschluß des Vorsitzenden. . . .“

Hier ergiebt sich aus dem Worte „entscheiden“ und dem Erforderniß einer bestimmten Zahl von erkennenden Richtern, daß jener Satz ein Rechtsverhältniß zwischen dem Gerichtshofe und den Parteien begründet. Würden die erwähnten Kriterien fehlen und der Paragraph nur etwa also lauten: „Die Kammern werden mit drei Mitgliedern, einschließlich des Vorsitzenden, besetzt“ und nicht die Vollzähligkeit bei der Entscheidung anordnen, so läge eine interne Angelegenheit der Behörden, eine reine Verwaltungsvorschrift vor.

Zur Kategorie der materiellen Verordnung gehören folgende Bestimmungen des Gerichtsverfassungsgesetzes:

„§. 68. Innerhalb der Kammern vertheilt der Vorsitzende die Geschäfte auf die Mitglieder.“

„§. 153. Die Beamten des Polizei- und Sicherheitsdienstes sind Hülfsbeamte der Staatsanwaltschaft . . .“

Dagegen müssen wir die zahlreichen Vorschriften des Ger.V.G. (z. B. §§. 23, 27, 70ff. 2c.) über die Competenzverhältnisse für materiell-gesetzliche ansehen, da ihre Wirkung unmittelbar die Unterthanen berührt.

Was nämlich die Competenz der ordentlichen Gerichte und ähnlicher Staatsbehörden betrifft, so ist in ihrer besonderen Organisation den Unterthanen ein gewisser Schutz in der Wahrnehmung ihrer rechtlichen Interessen gewährleistet [1]); wird die Organisation dieser Behörden oder ihre Zuständigkeit durch neue Normen derartig betroffen, daß dadurch irgend welche Veränderung in den Garantie-Bedingungen rechtlicher Sicherheit herbeigeführt wird, so sind die abändernden Sätze Bestandtheile der Rechtsordnung.

Es ist übrigens zu bemerken, daß Bestimmungen über die Competenz der Staatsorgane nur insofern Rechtssätze sind, als sie den Behörden gegenüber den Unterthanen oder diesen gegenüber den ersteren ein neues Recht ertheilen oder eine neue Pflicht auferlegen.

Die organisatorischen Normen, die festsetzen, welche Organe gegenüber den Unterthanen die bisherigen Rechte der Behörden wahrzunehmen, deren bestehende Pflichten zu erfüllen haben, sind nur administrative Befehle; ein Rechtssatz wird z. B. nicht angeordnet durch die Verfügung, daß eine geschuldete Abgabe an ein anderes als das bisherige Organ entrichtet werden solle [2]). Bei entgegengesetzter Annahme käme man zu dem unmöglichen Resultate, daß auch der Befehl, welcher die Verlegung einer Verwaltungskasse in ein anderes Gebäude anordnet und daher den zahlungspflichtigen Unterthan nöthigt, einen anderen, vielleicht größeren Weg als den bisherigen zurückzulegen, ein materielles Gesetz wäre und aus diesem Grunde eventuell mangels Delegation nur durch die Legislative erlassen werden könnte.

Die materielle Verordnung kann zweifacher Art sein [3]);

---

[1]) Vgl. Gierke, Laband's Staatsrecht und die deutsche Rechtswissenschaft, in Schmoller's Jahrbuch, N. F. 7. Jahrg. Heft 4, S. 90.

[2]) Vgl. E. Mayer, Besprechung von Arndt's Verordnungsrecht, in Krit. Viert.J.S., N. F. Bd. VIII, S. 140. Vgl. ferner Gierke, in Schmoller's Jahrbuch, N. F. 7. Jahrg. Heft 4, S. 47 f. und Laband, St.R. d. D. R. I, S. 293 ff.

[3]) Die Verwaltungsverordnung kann ferner entweder allein die Beziehungen zwischen Vorgesetzten und Untergebenen, z. B. innerhalb einer

entweder sie regelt nur die Beziehungen der Behörden oder Beamten unter einander, ohne daß sie auch nur indirect nach außen wirkt, und hierhin gehören z. B. die Bestimmungen über die Vertheilung der Geschäfte innerhalb einer Behörde, oder sie berührt indirect auch die Unterthanen, indem sie z. B. den untergebenen Beamten vorschreibt, wie diese in concreten Fällen und innerhalb der gesetzlichen Grenzen ihre Functionen gegenüber den Unterthanen zu verrichten haben.

Ein Beispiel hierfür bietet die Festsetzung von Bureaustunden für Beamte, welche mit dem Publicum in unmittelbare Berührung kommen.

Wenn der Chef einer Behörde Dienststunden anordnet, so ist deßhalb nicht Jedem das subjective Recht verliehen [1]), von dem Kanzlisten zu verlangen, daß er sich im Dienste zur bestimmten Zeit einfinde; diese Befugniß hat nur der Vorgesetzte desselben. Es ist freilich Niemandem benommen, über den unpünktlichen Beamten Beschwerde zu führen; jedoch wenn der Vorgesetzte der Reclamation Folge giebt, so thut er dies nicht, weil eine Rechtspflicht für ihn besteht, sondern aus Gründen der Zweckmäßigkeit oder Billigkeit. Verordnungen im materiellen Sinne brauchen, da sie den Unterthanen weder ein subjectives Recht verleihen noch denselben unmittelbar eine Pflicht auferlegen, nicht publicirt zu werden. Sollte indessen ihre Bekanntmachuug erfolgen, so wird dadurch für die Unterthanen kein Recht und keine Pflicht erzeugt, und ihr Charakter wird selbst durch Aufnahme in ein formelles Gesetz nicht ohne Weiteres verändert.

Behörde, oder gleichzeitig auch zwischen verschiedenen von einander sonst unabhängigen Behörden bestimmen.

[1]) cf. Löning, Lehrbuch des Deutschen Verwaltungsrechts, S. 228 f. und N. 1; Arndt, Das Verordnungsrecht des Deutschen Reichs, 1884, S. 6 f.

Von der hier vorgetragenen Ansicht weicht diejenige Laband's ab. So sagt er bei Gelegenheit der Besprechung der materiellen Verordnung[1]):

> „Was ursprünglich eine durch Zweckmäßigkeitsrücksichten veranlaßte Vorschrift für die Ausübung der den Behörden und Beamten obliegenden Functionen war, kann ein dauernder und wesentlicher Bestandtheil der öffentlichen Rechtsordnung eines Staates werden .... So lange aber eine Verwaltungsvorschrift nicht gesetzlich sanctionirt ist, kann sie von dem Oberhaupte der Verwaltung aufgehoben oder verändert werden; so lange hat sie demnach nicht den Charakter eines Rechtssatzes."

Unter Verwaltungsvorschrift versteht Laband[2]) eine Verordnung im materiellen Sinne; sie hat nach ihm Wirkung nur innerhalb der Behörden, nicht gegen Dritte[3]). Die gesetzliche Sanctionirung derselben, d. h. die Thatsache ihrer Aufnahme in ein formelles Gesetz, kann ihren Inhalt nicht ändern, sie sachlich zu etwas Anderem, nämlich zu einem Rechtssatze machen, wie Laband in der oben cit. Stelle

---

[1]) Laband, St.R. d. D. R. II, S. 68 Abs. 3. Ferner Laband a. a. O. S. 210: „Es ist bereits oben hervorgehoben worden, daß eine Anordnung, welche das Oberhaupt der Verwaltung innerhalb des Gebietes der ihm zustehenden Handlungsfreiheit getroffen hat, zu einem Satze der Rechtsordnung erhoben werden kann, der die Verwaltung selbst bindet und von ihr nicht mehr aufgehoben oder verändert werden kann." Vgl. dazu Rosin, Das Polizeiverordnungsrecht, S. 21 f. N. 79. — S. dagegen Laband a. a. O. S. 209: „Ferner kann in der Form des Gesetzes den Behörden eine mehr oder minder ausführliche Instruction über die Art und Weise ihrer Thätigkeit gegeben werden .... Gesetze dieser Art sind im materiellen Sinne Verwaltungsacte; sie enthalten keinen Rechtsbefehl, sondern einen Verwaltungsbefehl."

[2]) a. a. O. namentlich S. 69.

[3]) a. a. O. S. 223.

(S. 68 Abs. 3) offenbar behauptet. Wie es scheint, gelangt er zu seiner Annahme von dem Umstande ausgehend, daß durch die gesetzliche Formulirung auch das Oberhaupt gebunden werde. Allein die Thatsache, daß der höchste Staatsleiter eine unter Mitwirkung der Volksvertretung erlassene Verwaltungsvorschrift nicht aufheben oder ändern kann, hat ihren Grund in der formellen Gesetzeskraft und nicht in der Natur des Inhalts[1]). Es ist auch in constitutionell-monarchischen Staaten kein essentiale des Rechtssatzes, daß derselbe gegenüber dem Monarchen und sonstigen Regierungsorganen unabänderliche Geltung beansprucht; eine Abänderung ist unter Umständen im Falle der Delegation auch ohne Mitwirkung des Parlaments zulässig[2]).

Eine Verwaltungsverordnung enthält einen abstracten Befehl an die Behörden zu einer Amtshandlung. Diese Eigenschaft des Inhalts wird durch die Aufnahme der Verordnung in ein Gesetz nicht ohne Weiteres verändert. Ganz klar ist dies namentlich in denjenigen Fällen, in welchen der Verwaltungsbefehl nach außen keinerlei Wirkung übt.

In diese Kategorie gehören folgende Vorschriften aus §. 8 des Gesetzes über die allgemeine Landesverwaltung, vom 30. Juli 1883:

„Dem Oberpräsidenten wird ein Oberpräsidialrath und die erforderliche Anzahl von Räthen und Hülfsarbeitern beigegeben, welche die Geschäfte nach seinen Anweisungen bearbeiten. Auch ist der Oberpräsident befugt, die Mitglieder der an seinem Amtssitz befindlichen Regierung sowie die dem Regierungspräsidenten

---

[1]) Laband in Marquardsen's Handbuch II, 1, S. 81.

[2]) Vgl. Laband a. a. O. S. 82.

daselbst beigegebenen Beamten zur Bearbeitung der ihm übertragenen Geschäfte heranzuziehen." [1])

Dieser Passus betrifft allein interna der Verwaltung und konnte, wie alle ausschließlich den inneren Betrieb berührenden Instructionen, auch im Verordnungswege in Kraft gesetzt werden.

Die Auffassung, daß eine allgemeine administrative Vorschrift durch Aufnahme in ein Gesetz zum Rechtssatz werde, hat auch Rosin vertreten; er sagt [2]):

> „Die Verwaltungsverordnung, welche Beziehungen der Verwaltung zum Einzelnen regelt, kann Gesetz werden, wenn sie von der Gesetzgebung ihrem Inhalte nach übernommen wird."

Hier spricht Rosin von solchen dienstlichen Anweisungen, welche Beziehungen der Verwaltung zum Einzelnen regeln. Damit faßt er die Verordnungen, welche seiner Ansicht nach durch Aufnahme in ein formelles Gesetz zu Rechtssätzen werden, enger als Laband. Rosin scheint nur diejenigen Verordnungen im Auge gehabt zu haben, welche indirect auch die Unterthanen berühren, und seine Behauptung erfordert daher eine gesonderte Prüfung. Im Allgemeinen wird der Charakter auch dieser Art von amtlichen Anweisungen in Folge ihrer gesetzlichen Feststellung

---

[1]) Vgl. dagegen §. 31 des Reichs-Militärgesetzes vom 2. Mai 1874; derselbe bestimmt:

„Die Gemeinden oder gleichartigen Verbände haben unter Controle der Ersatzbehörden Stammrollen über alle Militärpflichtigen zu führen."

Hierin erblicken wir einen Rechtssatz, welcher Verhältnisse zwischen der Militärbehörde und corporativen Unterthanen-Verbänden (Gemeinden 2c.), ordnet. Vgl. dazu G. Meyer in Grünhut's Zeitschrift Bd. VIII, S. 31 f.

[2]) Rosin, Das Polizeiverordnungsrecht in Preußen, S. 21 und Anm. 79.

nicht verändert. Es ist aber sehr wohl möglich, daß eine Bestimmung, welche, nur nach ihrem Wortlaute betrachtet, sich als ein Verwaltungsbefehl darstellt, gerade deßhalb Aufnahme in einem „Gesetze" findet, weil sie sich auch an die Unterthanen wenden will, indem sie diesen ein subjectives Recht öffentlich-rechtlicher Art ertheilt oder eine Pflicht auferlegt und vermöge der also erweiterten Absicht des Gesetzgebers zum Rechtssatze wird.

Zur Beleuchtung führen wir eine Stelle an aus §. 53 des Gesetzes über die allgemeine Landesverwaltung vom 30. Juli 1883:

> „Die Anbringung der Beschwerde .... hat, sofern nicht die Gesetze Anderes vorschreiben, aufschiebende Wirkung ..."[1]).

Wir können uns diesen Satz, falls er in einer formellen Verordnung enthalten wäre, als ausschließlich an die Beamten gerichtet denken; er hätte alsdann lediglich als eine Instruction für diese zu gelten, ohne den Unterthanen ein Recht zu verleihen, und seine Bekanntmachung würde deßhalb auch nicht erforderlich sein[2]). Aus der Aufnahme desselben Wortlautes in ein formelles Gesetz wird man aber im concreten Falle zu dem Schlusse berechtigt, daß sich diese Worte auch an die Unterthanen richten und diesen ein Recht verleihen wollen, die einstweilige Nichtausführung eines an sie ergangenen Befehls bis zur ordnungsgemäßen Erledigung der Beschwerde zu verlangen. Denkbar wäre es jedoch

---

[1]) Abgesehen von den Fällen, in welchen die Aussetzung der Ausführung nach dem Schlußpassus des §. 53 cit. nicht erfolgen soll.

[2]) Eine Anordnung des cit. Inhalts könnte um deßwillen im Verordnungswege erlassen werden, weil sie die aufschiebende Wirkung ausdrücklich nur insoweit anbefiehlt, als die Gesetze nichts Anderes vorschreiben, sich also innerhalb der gesetzlichen Grenzen hält.

immerhin, daß ein Gesetzgeber mit einer derartigen Norm, betreffend die aufschiebende Wirkung der Beschwerde, sich ausschließlich an die Beamten wenden wollte, nur um die Befolgung von Seiten derselben zu beanspruchen, und ohne den Unterthanen ein subjectives Recht zu verleihen; alsdann wäre die Vorschrift trotz ihres gesetzlichen Gewandes materiell nur eine Verordnung.

Der Charakter einer Bestimmung läßt sich, wie hieraus zu ersehen ist, nicht allein aus ihrer Fassung und der Art ihres Zustandekommens entnehmen, sondern man wird bei der Beurtheilung in jedem einzelnen Falle auch die Absicht der legislativen Factoren feststellen müssen. Der Grund, weßhalb eine Regel in Folge der Aufnahme in ein formelles Gesetz sich als Rechtssatz charakterisirt, liegt nicht in der Thatsache dieser Aufnahme, noch in der dadurch herbeigeführten größeren Verbindlichkeit, sondern in dem Umstande, daß der Gesetzgeber die Absicht und die Berechtigung hatte, die Wirkungen seines Befehls auch auf die Unterthanen auszudehnen.

Es ist möglich, daß die höhere Landesbehörde den Organen der Ortspolizei vorschreibt, in abstract normirten Fällen, in denen letztere zu dem Erlaß von Verfügungen gegen einzelne Unterthanen berechtigt sind, Befehle von bestimmtem Inhalte zu ertheilen; sie kann dabei von der Absicht geleitet sein, allein die Beamten zu verpflichten. Ergeht daraufhin eine Verfügung an einen Unterthan, so ist er zu deren Befolgung nach dem Gesetze, auf welchem dieselbe beruht, und nicht nach jener dienstlichen Anweisung der höheren Behörde verpflichtet. Wird die nämliche Anweisung dagegen im Wege der Gesetzgebung erlassen, so wird man hinwiederum annehmen können, daß der Gesetzgeber die Absicht hatte, unmittelbar den Unterthanen eine Pflicht aufzuerlegen, und daß aus diesem Grunde derselbe Wortlaut nunmehr einen Rechtssatz aufstellt. Diese Annahme ist aber, wie gesagt, nicht aus dem Umstande zu folgern, daß jene Norm in einem formellen Gesetze Platz gefunden, sondern aus der Absicht des Gesetzgebers und dessen Befugniß.

Nicht weniger kann der Charakter von Vorschriften, welche im Verordnungswege ergangen sind, controvers werden. Es ist möglich, daß eine Rechtsregel, welche sich in einer formellen Verordnung befindet, nicht als Rechtssatz, sondern nur als Verwaltungsvorschrift, mithin nur insoweit Geltung hat, als sie sich an die Behörden richtet[1]). Dieses wird dann zutreffen, wenn die Regierung beabsichtigt, die Wirkung einer allgemeinen Norm nicht nur auf die Beamten, sondern auch auf die Unterthanen auszudehnen, während ihr in letzterer Hinsicht mangels gesetzlicher Delegation die entsprechende rechtliche Macht fehlt.

Hier zeigt die Lehre, welche zwischen Rechts- und Verwaltungsverordnungen unterscheidet, ihre große praktische Bedeutung, indem sie nämlich die Competenzgrenze zwischen der formellen Verwaltung und Gesetzgebung bestimmt[2]) und ins-

---

[1]) Dies ist von Laband treffend hervorgehoben worden; vgl. St.R. d. D. R. II, S. 89.

[2]) S. dagegen Arndt, Das Verordnungsrecht des Deutschen Reichs, 1884, und desselben „Bemerkungen über das Preußische Verordnungsrecht", in Hirth's Annalen 1886, S. 312. Arndt gelangt zu seinen Resultaten, wie er selbst angiebt (Verordnungsrecht, S. 3 f. und Hirth's Annalen, 1885, S. 701) auf inductivem Wege; der deductiven Methode spricht er für das Deutsche Staatsrecht die Berechtigung ab. Demgemäß schließt er vielfach von praktischen Fällen ausgehend auf allgemeine Lehrsätze. (Vgl. Verordnungsrecht, S. 89 u. N. 3, S. 95, 217 f., 219.) Es soll gewiß nicht in Abrede gestellt werden, daß die Berücksichtigung der Praxis von Seiten der Theorie werthvoll und nothwendig ist; Präcedenzfälle vermögen zu erläutern — einen stets vollkommenen sichern

besondere als obersten constitutionellen Grundsatz lehrt, daß Rechtsverordnungen nur im Falle der Delegation erlassen werden dürfen[1]). Die Nothwendigkeit einer solchen Delegation ergiebt sich namentlich aus dem Geist der Verfassungsnormen; so erklärt Art. 62 der Preuß. V.-U.:

„Die gesetzgebende Gewalt wird gemeinschaftlich durch den König und durch zwei Kammern ausgeübt.

Die Uebereinstimmung des Königs und beider Kammern ist zu jedem Gesetz erforderlich . . .“

In diesen Bestimmungen wird der Gesetzgebung ein neuer

Aufschluß über zweifelhafte Fragen vermag aber die Praxis des Deutschen Staatsrechts um so weniger zu geben, als sie häufig widerspruchsvoll ist. Es kann übrigens keineswegs als die ausschließliche Aufgabe der Theorie betrachtet werden, eine Statistik der Praxis zu treiben und auf Grund des gewonnenen Materials als Ergebniß zu berichten: diese und jene Grundsätze haben thatsächliche Geltung, sondern die Theorie soll auch auf die Praxis einen befruchtenden Einfluß zu gewinnen suchen; in den Fällen einer unklaren, schwankenden Rechtsauffassung muß sie die Richtschnur geben und sagen: diese und jene Sätze sollen das öffentliche Leben beherrschen. Zur Erfüllung dieser ihrer ferneren Aufgabe vermag sie nur auf deductivem Wege zu gelangen. Die Praxis der Staatsorgane, z. B. im Gebiete des Verordnungsrechts, vermag nicht ohne Weiteres den Beweis ihrer Berechtigung zu erbringen, und nicht zum Wenigsten auf diese letztere hat sich die Prüfung zu erstrecken. Zu den das Verordnungsrecht berührenden Controversen bemerkt Gneist in v. Holtzendorff's Rechtslexikon III, 2., Art. Verordnungsrecht, S. 1065: „Die zahlreichen Streitfragen werden sich ebenso wie im Privatrecht wohl nur mit der Wiederkehr einer rechtshistorischen Behandlung unseres positiven Staatsrechts lösen.“ Auch Gneist empfiehlt demnach die inductive Methode, welche wir nicht als die ausschließlich maßgebende betrachten können.

[1]) Nicht zu verwechseln mit Rechtsverordnungen sind die von Behörden ergangenen, an das Publicum sich richtenden Bestimmungen, welche nicht aus eigener Kraft gelten, sondern erst vermöge Vertragsschließung für Dritte Wirksamkeit erlangen. Vgl. Laband, St.R. des D. R. II, S. 89. N. 2.

Weg vorgezeichnet; es werden die Formen angegeben, welche künftighin für die Verabschiedung eines „Gesetzes“ erforderlich sein sollen. Daher entspringt aus Art. 62 der constitutionelle Begriff des formellen Gesetzes. Das letztere ist wie erwähnt zu definiren: als eine staatliche Erklärung, welche unter Mitwirkung des Königs und beider Kammern erfolgt. In diesem Sinne kann Art. 62 Abs. 2 das daselbst befindliche Wort „Gesetz“ nicht zur Anwendung bringen. Denn sonst wäre der erwähnte Satz tautologisch und vollkommen inhaltlos. Dies erhellt sofort, wenn man die eben gegebene Definition in Art. 62 Abs. 2 an Stelle des Wortes „Gesetz“ einfügt; dieses Alinea würde alsdann nämlich die sinnlose Aussage machen: Die Uebereinstimmung des Königs und beider Kammern ist zu jeder staatlichen Erklärung erforderlich, welche unter Mitwirkung des Königs und beider Kammern erfolgt [1]). Es ist nach diesen Ausführungen die Annahme gerecht-

---

[1]) Laband, Budgetrecht, S. 10; ferner G. Meyer, St.R., 2. Aufl. S. 461 u. Anm. 3; H. Schulze, Preuß. St.R. II, S. 216. Gegen den Vorwurf der Tautologie: Arndt, Verordnungsrecht, S. 26, 33, 34; Arndt erklärt, im Art. 62 der Preuß. V.-U. (ebenso im Art. 5 der R.-V.) sei vom formellen Gesetze die Rede, und er bestreitet, daß dieserhalb a. a. O. eine Tautologie zu finden sei; er meint: irgendwo müsse doch ausgesprochen werden, wem die gesetzgebende Gewalt zustehe, und welchen Antheil jeder betheiligte Factor an ihrer Ausübung habe. Die Richtigkeit der letzteren Ausführungen soll gewiß nicht in Zweifel gezogen noch soll geleugnet werden, daß Art. 62 cit. (bez. Art. 5 der R.-V.) die betreffenden formellen Bestimmungen enthält. Eine ganz andere Frage aber ist es, ob das Wort „Gesetz“ a. a. O. im formellen Sinne gebraucht sei. Der Begriff des formellen Gesetzes ist a. a. O. erst zu bestimmen; wenn daher in demselben bestimmenden Satze das Wort „Gesetz“ im formellen Sinne, d. h. als bereits bestimmter Begriff Aufnahme gefunden hätte, so würde in der That eine Tautologie vorliegen. Vgl. P. A. Pfizer, Das Recht der Steuerverwilligung, S. 18.

Treffend E. A. Chr. (v. Stockmar), Studien über das Preußische Staatsrecht, II. Gesetz und Verordnung in Aegidi's Zeitschrift für

fertigt und geboten, daß das Wort „Gesetz“ a. a. O. im mat. Sinne gebraucht ist, daß demnach zum Erlaß eines Rechtssatzes

---

Deutsches Staatsrecht I, 1867, S. 208: „Indem nämlich die Verfassung Art. 62 verordnet, daß zu jedem Gesetz (im materiellen Sinne), d. h. zur Feststellung jeder allgemeinen Rechtsnorm, Zustimmung der Kammern erforderlich sei, also für das Zustandekommen des Gesetzes im materiellen Sinne eine bestimmte Form vorschreibt, erwächst ein neuer formeller Begriff des Gesetzes. Jedes Gesetz im materiellen Sinne soll nach der Verfassung auch in jener Form erscheinen, und so entwickelt sich aus der Thatsache, daß das Gesetz im materiellen Sinne eine immer in jener Form zu erlassende Norm ist, der formelle Begriff Gesetz = in jener Form erlassenen Norm.“ Arndt führt ferner aus: wenn sich aus Art. 62 Pr. V.-U. folgern ließe, daß Rechtssätze nur im Wege der Gesetzgebung angeordnet werden können, so würden zahlreiche Bestimmungen dieser Verfassung, wonach zu gewissen Vorschriften Gesetze erforderlich seien, überflüssig (a. a. O. S. 33), ja sogar widersinnig sein (a. a. O. S. 66 f.). Auch dieses Argument ist unzutreffend. Es kommt häufig vor, daß der Gesetzgeber einen allgemeinen Grundsatz aufstellt und denselben sodann durch Angabe einzelner Fälle, bei welchem ihm die Befolgung des Grundsatzes besonders wichtig erscheint, specialisirt. Vgl. §. 14. Einf.-Gesetz zur C.P.O.: „Die proceßrechtlichen Vorschriften der Landesgesetze treten für alle bürgerlichen Rechtsstreitigkeiten, deren Entscheidung in Gemäßheit des §. 3. nach den Vorschriften der Civilproceßordnung zu erfolgen hat, außer Kraft, soweit nicht in der Civilproceßordnung auf sie verwiesen oder soweit nicht bestimmt ist, daß sie nicht berührt werden. Außer Kraft treten insbesondere: .... 5. Die Vorschriften, nach welchen eine Nebenforderung als aberkannt gilt, wenn über dieselbe nicht entschieden ist.“

Ferner sollen nach Arndt bei Unterlegung des Laband'schen Sprachgebrauchs die Vorschriften der Verfassung, wonach gewisse Rechtsnormen „in Gemäßheit des Gesetzes“, also nicht durch Gesetz angeordnet werden können, unverständlich sein (z. B. Art. 8 der Preuß. V.-U.; vgl. Arndt a. a. O. S. 33). Derartige Vorschriften gewinnen sofort einen Sinn, wenn man bedenkt, daß der Gesetzgeber die Delegation hat zulassen wollen; es soll also für die Rechtsgültigkeit der fraglichen Vorschriften genügen, wenn sie in Gemäßheit der im Gesetz ertheilten Delegation erlassen sind. Gegen die Arndt'sche und für die hier vertretene Auffassung streiten die Entscheidungsgründe eines Erkenntnisses vom 8. Nov. 1864 in Oppenhoff. Die Rechtsprechung des Königlichen

im Princip der Weg der Gesetzgebung vorgeschrieben und daß jede unter Verletzung dieses Princips, d. h. ohne erforderliche Delegation, ergangene Rechtsverordnung verfassungswidrig ist.

Dieser Interpretation des Art. 62 gegenüber hat Arndt geleugnet, daß das Wort Gesetz an genannter Stelle im materiellen Sinne zu verstehen sei; er erklärt es überhaupt für unrichtig, daß dieses Wort im absoluten Staate Preußen jede von irgendwem gesetzte Rechtsnorm bedeutet habe und

---

Ober-Tribunals in Strafsachen Bd. V, S. 238; es wird daselbst namentlich auch anerkannt, daß durch Art. 62 der Preuß. V.-U. die Erfordernisse der materiellen Gesetzgebung normirt werden. Die in Betracht kommenden Ausführungen des erwähnten Erkenntnisses lauten:

„Bei Beurtheilung der zur Entscheidung gestellten Frage muß davon ausgegangen werden, daß die dem Strafantrage zur Grundlage dienende Pol.-Vdn. der Kgl. Regierung zu E. v. 2c. nicht als ein Verwaltungsact im eigentlichen Sinne des Worts, sondern als eine dem Gebiete der Gesetzgebung angehörige polizeiliche Strafverordnung anzusehen und zu behandeln ist, wie dies einestheils in der Fassung des §. 332 des St.G.B.'s seinen Ausdruck gefunden hat, und anderntheils durch die Zulässigkeit der eine Gesetzesverletzung voraussetzenden Beschwerde an das Kgl. O.-Tr. bestätigt wird. Die gesetzgebende Gewalt als solche wird nun aber nach Art. 62 der Verfassungs-Urkunde gemeinschaftlich durch den König und beide Kammern ausgeübt; einer Behörde kann diese Gewalt nur zustehen, wenn und inwiefern sie derselben durch ein in verfassungsmäßiger Weise zu Stande gekommenes Gesetz ausdrücklich übertragen worden ist. Schon nach allgemeinen Grundsätzen müssen hiernach die Gerichte zur Untersuchung der Frage für berufen erachtet werden, ob eine auf Grund einer derartigen Delegation ergangene und Gesetzeskraft beanspruchende Polizei-Verordnung von einer hierzu competenten Behörde und innerhalb der durch das Gesetz selber aufgestellten Schranken erlassen worden ist. Allein dies Princip wird auch ausdrücklich durch Art. 8 der Verfassungs-Urkunde insoweit festgestellt, als es sich um die Verhängung einer Strafe handelt, indem derselbe bestimmt: Strafen können nur in Gemäßheit des Gesetzes angedroht oder verhängt werden."

Dieselben Erwägungen finden sich auch in dem Erk. vom 8. Mai 1865, Oppenhoff a. a. O. S. 93 ff.

legt ganz allgemein dagegen Verwahrung ein, daß man die Verfassungs-Urkunde in dem Sinne des Sprachgebrauchs einer zur Zeit ihrer Errichtung noch kaum verbreiteten Theorie auslege[1]). Die Behauptungen Arndt's stehen in directem Widerspruche mit den Thatsachen, und es darf auch nicht unerwähnt bleiben, daß derselbe Autor an anderer Stelle seiner Schrift das Gegentheil erklärt[2]).

Uebrigens erhellt auch aus Art. 63 a. a. O., daß die Mitwirkung der Volksvertretung bei der verbindlichen Anordnung einer Rechtsregel im Princip eine nothwendige ist; die erwähnte Verfassungsbestimmung schreibt vor:

> „Nur in dem Falle, wenn die Aufrechthaltung der öffentlichen Sicherheit oder die Beseitigung eines ungewöhnlichen Nothstandes es dringend erfordert, können,

---

[1]) Arndt, Verordnungsrecht, S. 49; derselbe in Hirth's Ann. 1886, S. 312.

[2]) Arndt, Das Verordnungsrecht des Deutschen Reichs, S. 27: „Unrichtig dagegen ist, daß das Wort Gesetz im absoluten Staate Preußen .... jede von irgend wem gesetzte Rechtsnorm bedeutet hat." Dagegen sagt Arndt a. a. O. S. 196 f.: „Die deutschen Bundesverfassungen, das Gesetz, betreffend die Grundrechte des deutschen Volks vom 21./27. December 1848, insbesondere auch die Preußische Verfassungs-Urkunde vom 31. Januar 1850 brauchen das Wort Gesetz gleichfalls entweder prägnant im Gegensatze zum landesherrlichen oder polizeilichen Verordnungsrecht, welches für die Zukunft ausgeschlossen werden soll, oder (indeß höchst selten) in dem Zusammenhange, daß darunter mittelbar jeder Rechtssatz, der gesetzte wie der gewohnheitsmäßige, verstanden werden muß." Ferner a. a. O. S. 197 N. 1: „Vgl. Preuß. Verfass.-Urkunde vom 31. Januar 1850, Art. 4: »Alle Preußen sind vor dem Gesetze gleich ....« wo unzweifelhaft auch die Gleichheit vor allen nicht auf formellen Gesetzen beruhenden Normen ausgedrückt werden sollte ...." Nichtsdestoweniger findet sich S. 192 a. a. O. die Behauptung, daß „nach der üblichen Sprache der Verfassungen .... das Wort Gesetz stets zunächst im formellen Sinne aufgefaßt wurde." Vgl. die Ausführung des oben S. 5 f. angeführten Gutachtens, sowie S. 25 f.

insofern die Kammern nicht versammelt sind, unter Verantwortlichkeit des gesammten Staats-Ministeriums, Verordnungen, die der Verfassung nicht zuwiderlaufen, mit Gesetzeskraft erlassen werden. Dieselben sind aber den Kammern bei ihrem nächsten Zusammentritt zur Genehmigung sofort vorzulegen."

Hier ist offenbar von dem Erlaß von Rechtssätzen die Rede; dies ergiebt sich insbesondere aus dem hervorgehobenen Ausdruck Gesetzeskraft. Hierunter kann nur die Kraft des formellen oder des materiellen Gesetzes gemeint sein. Daß erstere den sog. Nothverordnungen nicht zukommt, erscheint unzweifelhaft; dieselbe ist nämlich jene Autorität der Geltung, welche sich darin äußert, daß eine Vorschrift nur durch ein formelles Gesetz beseitigt werden kann. Daß aber die sog. Nothverordnungen nur auf diese Weise aus der Welt zu schaffen seien, ist nicht anzunehmen. Zunächst dürfte, falls die Kammern noch keinen Beschluß gefaßt haben, zur Aufhebung der einfache Befehl der Krone genügen. Sodann stellt sich auch die Zurücknahme nach Versagung der parlamentarischen Genehmigung aus dem Grunde nicht als ein formelles Gesetz dar, weil diese Zurücknahme nicht nur dann erfolgen muß und erfolgt, wenn beide Häuser die Zustimmung versagen, sondern schon in dem Falle, wenn nur eine[1]) der beiden Kammern die Aufhebung verlangt.

Es bleibt sonach nur die Möglichkeit, daß Art. 63 ausschließlich von Verordnungen redet, welche die Kraft des materiellen Gesetzes haben, d. h. Recht schaffen und demnach Rechtsverordnungen sind. Zu demselben Resultate

[1]) Schulze, Preuß. St.R. II, S. 237: „Darüber sind alle einig, daß die Staatsregierung verfassungsmäßig verpflichtet ist, sobald auch nur ein Haus die Genehmigung versagt hat, die Nothverordnung sofort außer Kraft zu setzen. ...."

gelangt man übrigens auch von der Erwägung ausgehend, daß Verwaltungsverordnungen zweifellos in keinem Falle des nachträglichen Beitritts des Landtags bedürfen. Bedeutet demnach „Verordnungen mit Gesetzeskraft" nichts Anderes als Rechtsverordnungen, so stellt Art. 63 die Vorschrift auf, daß Rechtssätze nur unter den von demselben Artikel bezeichneten Voraussetzungen durch einseitigen Beschluß der Krone festgestellt werden dürfen. Es ergiebt sich somit schon aus Art. 63 der Grundsatz, daß im Allgemeinen zur Anordnung von Rechtsnormen die Kammern mitzuwirken haben, und es kann daher um so weniger einem Bedenken unterliegen, diese Regel im Art. 62 ausgesprochen zu finden. In dem Art. 63 werden sodann die Ausnahmen von der Regel normirt, welche gestattet sein sollen [1]), und die Aufeinanderfolge beider Verfassungsbestimmungen soll und kann nur dazu dienen, das allgemeine Princip klarer hervortreten zu lassen.

Denselben Grundsatz wie die Preuß. V.-U. enthält auch die R.-V. und zwar in Art. 5 Abs. 1:

> „Die Reichsgesetzgebung wird ausgeübt durch den Bundesrath und den Reichstag. Die Uebereinstimmung der Mehrheitsbeschlüsse beider Versammlungen ist zu einem Reichsgesetze erforderlich und ausreichend."

Das Wort Gesetz ist in diese Sätze aus deren Vorbilde, dem Art. 62 der Preuß. V.-U., übernommen und hat gleichfalls in Art. 5 den materiellen Sinn. Andernfalls würde auch die letztere Verfassungsvorschrift eine nichtssagende Tautologie enthalten [2]). Art. 5 der R.-V. stellt im Princip fest, daß die Regelung der Rechtsordnung in einer bestimmten feierlichen Form zu erfolgen habe; es ist daher auch nach

---

[1]) E. A. Chr., Studien III, a. a. O. S. 222; v. Rönne, Preuß. St.R., 4. Aufl. I, S. 368; H. Schulze, Preuß. St.R. II, S. 233.

[2]) Vgl. oben S. 115ff. und Anm. 1.

Reichsrecht zum Erlaß von Rechtssätzen eine Delegation [1]) erforderlich. Hierfür spricht noch insbesondere Art. 48 Abs. 2 der R.-V.:

„Die im Art. 4 vorgesehene Gesetzgebung des Reichs in Post- und Telegraphen-Angelegenheiten erstreckt sich nicht auf diejenigen Gegenstände, deren Regelung nach den in der norddeutschen Post- und Telegraphen-Verwaltung maßgebend gewesenen Grundsätzen der reglementarischen Festsetzung oder administrativen Anordnung überlassen ist.“

In dieser Vorschrift wird „Gesetzgebung“ in Gegensatz zur „administrativen Anordnung“ gebracht; beide Begriffe sind hier nach Merkmalen ihres Zustandekommens zu bestimmen. Art. 48 Abs. 2 besagt, daß in den Angelegenheiten, welche Art. 4 Nr. 10 erwähnt, im Wege der Verordnung auch Rechtssätze erlassen werden können. Es wird nun in Art. 48 Abs. 2 eine Ausnahme von der anderweitig festgesetzten Grenze zwischen den Befugnissen der legislativen

---

[1]) v. Rönne, St.R. d. D. R., 2. Aufl. II, 1, S. 13, (vgl. dazu v. Rönne, Preuß. St.R., 4. Aufl. I, S. 356) stellt die Ansicht auf, daß eine Delegation des Gesetzgebungsrechts nach Art. 5 der R.-V. nicht zulässig sei. Richtig dagegen: Laband, St.R. d. D. R. II, S. 74ff. und derselbe in Marquardsen's Handbuch II, 1, S. 87; vgl. ferner Arndt, Verordnungsrecht, S. 16ff. S. übrigens v. Rönne, St.R. d. Preuß. Monarchie, a. a. O. S. 356f. N. 3. a. E. — Hinsichtlich des Resultats übereinstimmend mit der oben im Text vertretenen Auffassung: Laband, St.R. d. D. R. II, S. 77; H. Schulze, Lehrbuch d. D. St.R. I, S. 530.

Die Frage, ob nach Art. 7 Nr. 2 der R.-V. (sowie nach Art. 45 der Preuß. V.-U.) in Ausführungsverordnungen auch Rechtssätze erlassen werden dürfen, soll hier nicht erörtert werden; ein Eingehen auf die diesbezüglichen sowie andere Controversen aus dem Gebiete des Verordnungsrechts würde über die Grenzen des vorliegenden Gegenstandes weit hinausgreifen.

und verwaltenden Organe gemacht. Daraus folgt[1]) durch argumentum e contrario, daß in allen übrigen Angelegenheiten der Erlaß von Rechtssätzen — mangels Delegation — nicht durch Verordnung stattfinden kann. Der Grundsatz, daß die Normirung der Rechtsordnung auf dem Wege der Gesetzgebung zu erfolgen habe, ist aber in Art. 4 weder ausgesprochen, noch sonst daraus zu entnehmen und daher anderorts zu suchen. Die einzige verbleibende Stelle der R.-V., welche nach ihrer Fassung geeignet ist, im Sinne des genannten Princips ausgelegt zu werden, ist Art. 5. Man wird daher auch aus diesem Grunde annehmen müssen, daß daselbst die Erfordernisse für den Erlaß von Rechtssätzen angegeben sind.

Wie eine im Verordnungswege ergangene Rechtsregel nur als Verwaltungsvorschrift Geltung behalten kann, wenn die befehlende Behörde wegen mangelnder Ermächtigung nicht befugt und nicht im Stande war, die Rechtskreise der Unterthanen zu berühren, so kann dieselbe schwächere Wirkung auch dann eintreten, wenn die Formen für den Erlaß von Rechtsverordnungen nicht beobachtet worden sind.

Einen interessanten Beleg für diese Behauptung bieten die Ausführungen eines kammergerichtlichen Erkenntnisses vom 29. April 1881[2]); Natur und Wirkung des Rechtssatzes und der materiellen Verordnung werden darin mit besonderer Schärfe und Klarheit entwickelt[3]), und es wird

---

[1]) Treffend hervorgehoben von E. Mayer in seiner Besprechung von Arndt's Verordnungsrecht, Krit. Viert. J.-S., N. F. Bd. VIII, 1885, S. 139.

[2]) Vgl. dazu das in derselben Sache ergangene reichsgerichtliche Erkenntniß vom 14. Januar 1882, Entscheidungen des R.G. in C.S. Bd. VI, S. 295 ff.

[3]) Unhaltbar ist folgende Behauptung Zorn's in Hirth's Annalen 1885, S. 301: „Sowohl der Unterschied zwischen formellen und materiellen Gesetzen, als auch derjenige zwischen Rechtsverordnungen und

dargethan, daß eine Norm mangels gehöriger Publication nicht gegen die Unterthanen zu wirken vermag, daß sie demnach nicht als Rechtssatz, sondern nur als amtliche Instruction Kraft hat. Die hauptsächlich in Betracht kommenden Stellen lauten:

„Die Parcelle ad VI nun, auf welche das vom Kläger

Verwaltungsverordnungen ist, obwohl fast ausnahmslos anerkannte communis opinio der Theorie, der Praxis völlig unbekannt, ja geradezu unverständlich." S. dagegen Laband, Archiv für öffentliches Recht I, S. 184 f. Der Unterschied von Rechts- und Verwaltungsverordnung wird übrigens auch anerkannt in folgendem reichsgerichtlichen Urtheile vom 19. October 1883 (abgedruckt in Seuffert's Archiv Bd. 39, Nr. 161): „Nach §. 511 der C.P.O. kann die Revision nur darauf gestützt werden, daß die Entscheidung auf der Verletzung eines Reichsgesetzes, oder eines Gesetzes, dessen Geltungsbereich sich über den Bezirk des Ber.-Ger. hinaus erstreckt, beruht ... Nach §. 12 des E.G. zur C.P.O. ist Gesetz im Sinn der C.P.O. jede Rechtsnorm. Die Quelle, auf welcher die Rechtsnorm beruht, wird vom Gesetz nicht unterschieden. Im Gegentheil sagen die Motive zur C.P.O. (S. 318) ausdrücklich, der Entstehungsgrund der Norm sei gleichgültig. Wenn sie dabei allein das Gewohnheitsrecht neben dem vom Gesetzgeber ausdrücklich ausgesprochenen Recht erwähnen, so enthält dies nur ein Beispiel, und hindert an sich nicht, daß auch Verordnungen der Verwaltungsbehörden, insbesondere wenn sie auf Grund gesetzlicher Autorisation erlassen werden, als Rechtsnormen im Sinne des §. 511 bezw. §. 12 cit. angesehen werden können. Um eine derartige Verordnung handelt es sich jedoch hier nicht. Der preuß. Justizminister hat in der allgemeinen Verfügung vom 4. Sept. 1879, betreffend die Beschaffung des Schreibwerks bei den Justizbehörden (J. M. Bl., S. 308), welcher die erwähnten Bestimmungen angehängt sind, Normativbedingungen für die Thätigkeit der Kanzleibeamten festgesetzt. Er bestimmt namentlich in dem fraglichen §. 4. das Quantum des von ihnen täglich zu beschaffenden Schreibwerks sowie die Folgen einer geringeren oder größeren Leistung der Beamten. Darin läßt sich nicht die Creirung einer allgemeinen Rechtsnorm finden, sondern vielmehr eine Anordnung, welche der Verwaltungschef im Interesse der Amtsdisciplin für einen bestimmten Kreis von Beamten getroffen hat. Eine solche läßt sich aber nicht als Gesetz im Sinne des §. 511 der C.P.O. bezeichnen."

eingereichte Bauproject und die polizeiliche Versagung der Ausführung desselben sich beziehen, hat Kläger unstreitig erst nach 1862, seiner eigenen Angabe zufolge erst 1871 erworben. Da Bebauungspläne die Grundstücke, für welche sie Baubeschränkungen bedingen, sofort von ihrer eigenen Geltung an mit denselben belasten, hat also Kläger — die schon mit dem Jahre 1862 eingetretene Geltung des damaligen Bebauungsplanes der Umgebungen Berlin's vorausgesetzt — das fragliche Grundstück schon in dem Zustande geminderter Bebauungsfreiheit erworben, die jetzt gegen ihn mit jener Bauversagung zum Ausspruch und Wirkung kommt, und in diesem Zusammenhange erscheint daher nicht er selbst durch die letztere an seinen Rechten beeinträchtigt und daher auch nicht er zu einer Entschädigung berechtigt, die vielmehr nur seinem Vorbesitzer aus der Zeit, in welcher der Bebauungsplan zur Geltung kam, zustehen würde .....

Voraussetzung ... ist aber eben, daß gedachter Bebauungsplan im Jahre 1862 zur Geltung gekommen ist, oder wenigstens schon vor dem Erwerbe des Klägers solche gehabt hat. Dies wird vom Kläger bestritten, der vielmehr dem Bebauungsplan überhaupt die Geltung nach außen abspricht und nur die Bedeutung einer Amtsinstruction für die Bau-Polizeibehörde beimessen will, da er nicht gehörig publicirt worden sei.

Die Forderung einer Publication des Bebauungsplanes erscheint auch begründet, sofern aus dessen bloßem Erlaß die Belastung der betroffenen Grundstücke mit den dem Plane entsprechenden Baubeschränkungen hergeleitet wird. Um die Grundstücke in dieser Art — mit einer Servitut des öffentlichen Rechts — zu vinculiren, mußte ihm die Kraft zustehen, in seinem Bereiche Recht zu schaffen; er mußte also Gesetz

— wenn auch nur in Gestalt behördlicher Verordnung — sein, und für jedes Gesetz, somit auch für diese niedrige Kategorie von Gesetzen, ist zu seiner Wirksamkeit die gehörige Publication Bedingung. ..... Hier kommt nun der Bebauungsplan weniger nach seiner positiven als nach seiner negativen Seite in Betracht, mit welcher er sich an die einzelnen Grundbesitzer des Bezirks als ein Verbot der Bebauung ihrer Grundstücke außerhalb der in dem Plane festgesetzten Linien wendet und ausspricht, daß eine derartige Bebauung nicht genehmigt, ihre Ausführung nicht geduldet werden würde. Damit hat der Plan, bzw. der behördliche Erlaß, mit welchem er festgestellt und vorgeschrieben wird, den Charakter einer Richtschnur für das fernere Vorgehen der Polizei in künftigen Fällen der Nachsuchung des Bauconsenses oder der Aufführung unconsentirter Bauten, sowie für das fernere Verhalten der Grundbesitzer[1]), denen eben jene Beschränkung in ihrer sonstigen Baufreiheit, wie sie durch die Innehaltung der Linien des Planes bedingt ist, zur Pflicht gemacht wird .....

..... Ein städtischer Bebauungsplan .... erfordert sonach für seine Geltung nach außen — im Gegensatz zu bloß instructioneller Bedeutung — die zum Wesen einer Verordnung[2]) gehörige Publication.

---

[1]) Diese externe Wirksamkeit giebt einem gültigen Bebauungsplane die Eigenschaft des mat. Gesetzes; da aber der Bebauungsplan für die Umgebungen Berlins mangels gehöriger Publication nicht nach außen zu wirken, die Grundstücke zu belasten, deren Besitzer zu verpflichten vermag, so bleibt ihm nur der „Charakter einer Richtschnur für das fernere Vorgehen der Polizei", d. h. der Verwaltungsverordnung.

[2]) Verordnung ist hier im Sinne von Rechtsverordnung gebraucht.

An solcher Publication nun, d. h. an einer sich an das Publicum als Aufforderung zur Nachahmung richtenden Bekanntmachung, fehlt es eben diesem Bebauungsplan .... und aus diesem Grunde kann dem Bebauungsplan nicht die Wirkung gegeben werden, daß er durch seinen bloßen Erlaß dem klägerischen Grundstück die Beschränkung der Unbebaubarkeit auferlegt haben sollte. Die Beschränkung ist gegen dasselbe vielmehr — wenn schon in Gemäßheit des Bebauungsplanes ... — erst durch die im Jahre 1877 erfolgte Versagung der Ausführung des damals vom Kläger eingereichten Bauprojects eingetreten, und da Kläger damals unstreitig Eigenthümer des Grundstücks war, ist auch er durch dieselbe in seinen eigenthümerischen Befugnissen beeinträchtigt und deßhalb zur Beanspruchung der nach dem eben auf den Fall zur Anwendung kommenden älteren Rechte hierfür zu gewährenden Entschädigung wohl befugt."

V.

Die Ausstattung mit Verbindlichkeit.

Wir haben gesehen, daß dem Gesetzgeber ein bestimmter Wirkungskreis zukommt: er stattet Rechtsregeln mit Verbindlichkeit aus. Damit ist seine Thätigkeit im Einzelfalle erschöpft, das Gesetz existent geworden. Es hat jedoch nicht an Stimmen gefehlt, welche das Gesetz nicht schon durch die legislatorische Thätigkeit, sondern erst durch den Hinzutritt anderer äußerer Momente perfect werden lassen. v. Ihering erklärt [1]: die Staatsgewalt könne die Rechtsnorm auch mit der Absicht und der Zusicherung erlassen, „daß sie selber sich daran binden will", und er fährt fort: „Erst mit dieser Form, wenn sie thatsächlich beachtet wird, erlangt das Recht seine vollendete Gestalt" [2]. v. Ihering findet das Kriterium allen Rechts im Zwang [3]. Nun steht aber fest, daß Niemand sich selbst zwingen kann [4]. v. Ihering hält, da deßhalb ein Zwang gegen die Staatsgewalt sich nicht construiren läßt, den Begriff des Rechts dann für erfüllt, wenn der Staat seine Normen faktisch vollzieht. Demgegenüber er-

[1] v. Ihering, Der Zweck im Recht I, 2. Aufl., S. 339.

[2] Vgl. dazu a. a. O. S. 358 Abs. 2.

[3] a. a. O. S. 335, 337; s. auch oben S. 51 f.

[4] v. Ihering a. a. O. S. 234.

scheint die Frage berechtigt: wenn die Staatsgewalt die Gesetze nicht durchführt, hat dann das Recht etwa noch nicht seine vollendete Gestalt? Wenn es erst durch die Vollziehung zum Recht würde, so könnten die Staatsorgane im Falle ihrer einmüthigen Auflehnung nicht das Recht brechen.

Während v. Ihering erst im Executor den Vollender des Rechts erblickt, ertheilt Bremer eine ähnliche Function den Unterthanen. Nach ihm ist die Staatsgewalt keineswegs der alleinige Factor des durch sie festgestellten Rechtssatzes. Es werde nämlich, wie Bremer ausführt[1]), der Begriff des Gesetzes nicht allein durch den Erlaß von Seiten bestimmter Organe erfüllt, sondern es müsse als ferneres Moment die Aufnahme[2]) von Seiten derjenigen hinzutreten, an welche das Gesetz sich richte. Zur wirklichen Geltung genüge nicht, daß das Gesetz verfassungsmäßig erlassen und verkündet werde; zur Rechtsbildung sei weder der Ausspruch der Gesetzgebung ausreichend, noch eine blos leidende Mitwirkung derjenigen, deren Verhältnisse geregelt werden sollen; es müsse vielmehr dem Ausspruche der Staatsgewalt auch die Ueberzeugung der Unterthanen von der Verbindlichkeit der aufgestellten Norm entgegen kommen[3]); als Bei-

---

[1]) Vgl. Bremer, Die authentische Interpretation, in Bekker und Muther's Jahrbuch des gemeinen deutschen Rechts Bd. II, 1858, S. 284 ff.

[2]) Vgl. die Widerlegung bei H. Göppert, Gesetze haben keine rückwirkende Kraft, herausgegeben von E. Eck, Jahrb. f. d. Dogmatik, 1884, S. 191 f.

[3]) Bremer a. a. O. S. 284 f.: „und auch bei jedem einzelnen Gesetz darf man nicht die gesetzgebende Staatsgewalt als den alleinigen Factor des durch das Gesetz festgestellten Rechtssatzes ansehen, es ist jedesmal eine Aufnahme des Gesetzes von Seiten derjenigen erforderlich, welche dem Gesetze unterworfen sein sollen; ohne solche Aufnahme würde das Gesetz ein todter Buchstabe bleiben, nicht als ein geltendes in Leben treten. Zur wirklichen Geltung genügt nicht, daß das Gesetz

spiele solchen vom Volke nicht angenommenen Rechts seien die Luxusgesetze früherer Jahrhunderte zu erwähnen.

Wenn diese Auffassung richtig wäre, so würde ein Gesetz nie die Vorbedingung seiner Kraft in sich selbst tragen, sondern es enthielte nur eine Rechtsregel, welche die Sanction des Gesetzgebers noch gar nicht zum Rechtssatze erhoben hat; es müßte vielmehr noch eine endgültige Bestätigung von Seiten der Unterthanen erfolgen.

Die Ausführungen Bremer's beruhen auf einem Trugschlusse. Ein Satz kann die beiden Eigenschaften der Rechtsqualität und der Verbindlichkeit, d. h. äußerer Autorität [1]), nur gleichzeitig erhalten; es ist nicht denkbar, daß er einen Augenblick früher verbindlich sei, als ihm die Wesenheit des Rechts zukommt. Wenn daher Bremer sagt: das Recht, das Gesetz werde erst vollendet durch die Ueberzeugung von seiner Verbindlichkeit, so kommt dies auf die Behauptung hinaus: das Gesetz werde erst dadurch verbindlich, daß die Genossen von seiner Verbindlichkeit überzeugt seien. In dieser Formulirung liegt der Trugschluß klar zu Tage. Wie können die Unterthanen von der Unverbrüchlichkeit überzeugt sein, wenn diese erst infolge der Ueberzeugung eintritt?

---

verfassungsmäßig erlassen und verkündet werde; es muß dem Ausspruche der Staatsgewalt auch die Ueberzeugung der Unterthanen von der Verbindlichkeit der aufgestellten Norm entgegen kommen." S. 285 f.: „Ist zur Rechtsbildung der Ausspruch der Gesetzgebung nicht ausreichend, ist außerdem eine nicht bloß leidende Mitwirkung von Seiten derjenigen erforderlich, deren Verhältnisse durch das Gesetz geregelt werden sollen . . ."

[1]) Bremer versteht unter Verbindlichkeit die äußere Autorität des Gesetzes; das geht insbesondere daraus hervor, daß er a. a. O. S. 285 nur die Ueberzeugung verlangt, daß man dem Gesetze „als dem Ausspruche der höchsten Gewalt" gehorchen müsse, möge sein Inhalt auch von Vielen mißbilligt werden.

Nach den Theorien[1]), welche eine Aufnahme von Seiten der Genossen erfordern, würde eine Anordnung, welche der Gesetzgeber zu Zeiten einer Revolution verfassungsmäßig erläßt, kein Gesetz sein, weil die erregten Geister dem an sie ergangenen Befehl keine Ueberzeugung entgegenbringen, oder weil die physischen Zwangsmittel des Staates desorganisirt sind und diesem die Macht fehlt, die Befolgung zu bewirken. Man gelangt also, von diesen Theorien ausgehend, zu dem ungeheuerlichen Resultate, daß die erfolgreiche Auflehnung der Unterthanen gegen das Gesetz keinen Rechtsbruch involvire; denn jenem wird ja seine Gesetzesnatur vorenthalten oder genommen, je nachdem diejenigen, welche gehorchen sollen, es entweder von vornherein nicht annehmen, oder aber späterhin gewissermaßen außer Kraft setzen[2]). Die

---

[1]) Vgl. Thon in Grünhut's Zeitschrift Bd. VII, S. 248, 252, 247 u. Anm. 13; an letzterer Stelle heißt es: „Die Befehle der gesetzgebenden Organe sind nur insofern Recht, als sie wirken, d. h. insofern, als sie .... diejenigen, an die sie sich unmittelbar oder mittelbar wenden, zu dem gebotenen Verhalten bestimmen: nicht jeden Einzelnen zwar — sonst würde jedes Verbrechen die übertretene Rechtsnorm aufheben — wohl aber die große Menge, die wir die Gesammtheit zu nennen pflegen.“ Diese Theorie leidet an großer Unbestimmtheit; wie viele Genossen können das Gesetz übertreten, ohne daß letzteres seinen Rechtscharakter verliert? Thon führt das Recht auf Motivation zurück (a. a. O. S. 247); Andere betrachten die Anerkennung als essentiale des Rechts. Vgl. Bierling, Zur Kritik der juristischen Grundbegriffe. G. Rümelin, Reden und Aufsätze, N. F. S. 338 hat der von Bierling vertretenen Auffassung entgegengehalten, daß sie die condicio sine qua non in eine causa efficiens umsetze; m. E. geht es noch zu weit, die Anerkennung als condicio sine qua non zu betrachten. Vgl. auch Merkel, Juristische Encyclopädie, 1885, S. 32f.

[2]) Es ist hier nur die Rede von einer plötzlichen, rechtswidrigen Auflehnung gegen ein Gesetz, nicht von seiner gewohnheitsrechtlichen Aufhebung, welche begrifflich erst nach längerem Zeitablaufe eintritt. Vgl. H. Göppert a. a. O. S. 192.

Revolution wäre also kein Unrecht, sobald sie nur eine erfolgreiche ist; der Satz: „Und wenn es glückt, so ist es auch verziehn, Denn aller Ausgang ist ein Gottesurtheil" dürfte aber schwerlich vor dem juristischen Forum bestehen können.

Man wird m. E. auf alle Fälle daran festhalten müssen, daß die Rechtserzeugung mit der Thätigkeit des Gesetzgebers vollendet ist. Sein Amt beruht darin, daß er Lebensregeln mit Verbindlichkeit ausstattet; seine Thätigkeit ist eine rechterzeugende; er schafft Rechtssätze. Diese Auffassung hat besonders Laband eindringlich hervorgehoben [1]). Seine Ausführungen sind aber in Folge eines nicht ganz genauen Ausdrucks vielfach mißverstanden worden. Er sagt nämlich: man verschließe sich jede Möglichkeit einer wissenschaftlichen Erkenntniß der Lehre von der Gesetzgebung, wenn man das Wesen des Gesetzes in der „Schaffung eines Rechtsatzes" erblicke; Gesetzgebung sei vielmehr lediglich die Ausstattung eines Rechtssatzes mit verbindlicher Kraft, ihr Kernpunkt sei daher allein in der Sanction zu finden. Diese Behauptungen Laband's haben aus dem Grunde eine Polemik hervorgerufen, weil das Wort „Rechtssatz" im streng juristischen Sinne ganz allgemein die Bedeutung einer verbindlichen Vorschrift hat, welche demnach bereits mit äußerer Autorität begabt ist und nicht noch einmal mit ver-

---

[1]) Laband, St.R. d. D. R. Bd. II, S. 5, 30; ferner derselbe in Marquardsen's Handbuch II, 1, S. 72: „Die Sanction allein ist demnach Gesetzgebung im staatsrechtlichen Sinne des Worts." Laband stellt am ang. O. S. 73. II und St.R. d. D. R. II, S. 24 vier Erfordernisse für das Zustandekommen eines Reichsgesetzes auf und rechnet dazu auch die Feststellung des Gesetzes-Inhalts (Gesetzentwurfs); darin liegt kein Widerspruch der Gedanken; Laband will nur sagen, daß die Sanction allein es sei, welche begrifflich nur von dem Gesetzgeber ausgehen könne; jede andere Thätigkeit, wie die Feststellung des Inhalts, kann auch von anderen Organen vorgenommen werden.

selben ausgestattet werden kann. Es ist entgegnet worden, daß die Norm eines Gesetzentwurfs nur den Charakter einer Rechtsregel habe, daß dagegen mit dem Begriffe des Rechtssatzes der der Gültigkeit untrennbar verbunden sei. Das Gesetz enthalte daher in der That die Schaffung eines Rechtssatzes[1]). Diese Polemik beruht in Wahrheit auf einem Mißverständnisse, da Laband das Wort „Rechtssatz" an der betreffenden Stelle in der Bedeutung von Rechtsregel gebraucht hat[2]). Dies geht insbesondere auch daraus hervor, daß er den Kernpunkt der Gesetzgebung ausschließlich und allein in der Sanction erblickt.

Nach Gierke[3]) giebt es dagegen zwei begriffliche Erfordernisse des Gesetzes als der Willenserklärung einer Gesammtpersönlichkeit: die gehörige Bildung und den gehörigen Ausspruch des gesetzgeberischen Willens. „Der Gesetzesbefehl läßt sich — wie Gierke sagt — nicht in formalistischer Weise von der Feststellung des Rechtssatzes los-

[1]) M. Seydel, Recension von Laband's St.R. d. D. R. II, in v. Holtzendorff's Jahrb. 1878, S. 424: „Der Scheidung zwischen Rechtssatz und Gesetzesbefehl im Sinne einer Nebenordnung beider steht entgegen, daß ein Satz zum Rechtssatz erst durch die Ausstattung mit verbindlicher Kraft wird, also vorher überhaupt nicht Rechtssatz ist. Es ist gerade das Wesen des Rechts, daß es von zwingender Natur ist, daß es befolgt werden muß. Meines Erachtens enthält also das Gesetz (der Gesetzesbefehl) in der That die Schaffung eines Rechtssatzes. Was dem Erlasse des Gesetzes vorhergeht, ist Vorbereitungshandlung, es ist nicht rechtschaffende Thätigkeit." S. auch A. S. Schultze, Privatrecht und Proceß in ihrer Wechselbeziehung I, 1883, S. 87 f.; Binding in der Krit. Vierteljahrsschrift, N. F. II, S. 549 ff.

[2]) Vgl. Laband in Marquardsen's Handbuch II, 1, N. 1. S. 71 f.

[3]) „Das Staatsrecht des Deutschen Reichs" von Laband, Bd. II besprochen von Gierke in Grünhut's Zeitschrift Bd. VI, S. 229. S. dazu Laband in Marquardsen's Handbuch II, 1 S. 72 und H. Schulze, Lehrb. d. D. St.R. I, S. 527.

reißen, denn was ihn zum Gesetzesbefehl[1]) macht, ist lediglich die Natur seines Inhalts als Rechtssatz, aus der er sich ohne Weiteres ergiebt; und der Rechtssatz hinwiederum enthält von vornherein den Gesetzesbefehl als nothwendiges Moment, da man nicht wollen kann, daß etwas Recht sei, ohne zugleich zu wollen, daß es bindende Kraft habe."

Es ist diesen Ausführungen gegenüber zuzugeben, daß ein Rechtssatz einen Befehl zum Inhalt hat; dieser ist der Befehl des Gesetzes und ist zu unterscheiden von der Sanction, welche auch Gesetzesbefehl genannt wird[2]). Die Sanction[3]) besteht in der feierlichen Anordnung, welche eine einzelne oder einen Complex von Rechtsregeln oder einen sonstigen Inhalt mit Verbindlichkeit ausstattet. Der Gesetzesbefehl theilt seine Kraft jeder einzelnen Norm des Entwurfs mit, deren jede nun ein eigenes objectivirtes Gebot oder Verbot enthält; hiermit hat derselbe seinen Zweck erfüllt und besteht nicht weiter fort, getrennt von den Imperativen der durch ihn geschaffenen Rechtssätze und sonstigen Bestimmungen.

Wenn Gierke sagt: was den Gesetzesbefehl zum Gesetzesbefehl mache, sei lediglich die Natur seines Inhalts als Rechtssatz — so soll bereitwilligst eingeräumt werden, daß die Sanction nur dann ein Act der materiellen Gesetzgebung ist, wenn sie sich auf Rechtssätze bezieht; dagegen

---

[1]) Der Gesetzesbefehl im Sinne von Sanction ist auch ein Requisit des rein formellen Gesetzes und kann sich auf einen andern Inhalt als Rechtssätze beziehen.

[2]) S. dagegen Binding, Handbuch des Strafrechts I, S. 197 N. 2.

[3]) Gierke gebraucht das Wort „Gesetzesbefehl" auch im Sinne von Sanction; s. Grünhut's Zeitschrift VI, S. 229: „Sanction (Gesetzesbefehl, Ausstattung des Rechtssatzes mit verbindlicher Kraft)". Uebrigens scheint auch Gierke anzunehmen, daß Laband unter Rechtssatz in der oben besprochenen Stelle eine bereits verbindliche Rechtsregel versteht.

ist es, wenn auch möglich, so doch kein Erforderniß, daß das sanctionirende Organ den Inhalt der von ihm mit Verbindlichkeit ausgestatteten Regeln, wie Gierke annimmt, bewußt[1]) wolle, daß es ihn thatsächlich in seinen Willen aufgenommen habe; insofern ist ein wesentliches Moment der staatlichen Rechtserzeugung nicht in der Willensbildung, sondern einzig und allein in der Ausstattung einer Rechtsregel mit äußerer Autorität zu finden.

Während Gierke auf die gehörige Bildung des Rechtswillens ein allzu großes Gewicht legt, haben andere Schriftsteller den Versuch gemacht, die Bedeutung des gesetzgeberischen Willens auf Null herabzudrücken. Es ist nämlich gegen die Auffassung, nach welcher der deutlich erkennbare und der Sanction zu Grunde liegende Wille maßgebend sein soll für das Verständniß des urkundlichen Textes, unlängst ein wahres Schnellfeuer eröffnet worden[2]) von Wach, Binding und Kohler.

---

[1]) Vgl. die Ausführungen Gierke's in Schmoller's Jahrbuch, 7. Jahrg. 1883 Heft 4, S. 78 ff.: „Wenn somit der Staat durch die Gesetzgebung als Organ der Rechtserzeugung fungirt, so kann er bei der Bildung wie bei dem Ausspruche des gesetzgeberischen Willens die beiden Momente, welche eine Norm zur Rechtsnorm machen, nur gleichzeitig und einheitlich produciren" (S. 79) .... „Umgekehrt vollzieht er (der Staat) im Erlaß des Gesetzesbefehls zugleich die Declaration des Gesetzesinhalts als Rechtssatz" (S. 79) .... „Denn der Staat declarirt, indem er einen Satz zum Rechtssatze erhebt, zugleich dessen Inhalt als Aussage des Rechtsbewußtseins über vernunftgemäße Determinirung der Willensfreiheit und somit als intellectuellen Fund" .... „Darum erscheint der Staat bei der Gesetzgebung nicht blos als Willensorgan, sondern als Bewußtseinsorgan der Allgemeinheit." (S. 80).

[2]) Wach, Handbuch des Deutschen Civilproceßrechts I, S. 254 ff.; Binding, Handbuch des Strafrechts I, S. 450 ff.; Kohler, Ueber die Interpretation von Gesetzen, in Grünhut's Zeitschrift XIII, S. 1 ff. Fernere Literaturangaben bei Wach, S. 256 N. 4; Binding, S. 471 N. 8 und S. 473 N. 14; Kohler, S. 21 N. 60.

Die von diesen Schriftstellern neuerdings so lebhaft befürwortete Theorie läßt sich im Wesentlichen also kurz zusammenfassen: das Gesetz ist ein organisches Ganze mit einer Tendenz, bestimmte Culturbestrebungen zu verwirklichen; es steht dem Gesetzgeber als ein Fremdes gegenüber; dieser vermag keinen Einfluß darauf zu üben, welche Fülle von Rechtswirkungen es im praktischen Leben hervorbringen wird; birgt es doch einen ungeahnten Schatz von Rechtskeimen, welche mitunter erst die Arbeit von Jahrhunderten zu vollendeten Gestaltungen heranzureifen vermag [1]). Der verborgene Gehalt eines Gesetzes ist bisweilen so groß, daß sein Schöpfer nicht im Stande ist, den letzten Gedanken seines Werks selbständig auszudenken und in seine äußersten Consequenzen zu verfolgen; ja, mitunter giebt er sich hierzu nicht einmal die Mühe: er sanctionirt „gedankenlos".

Bis hierher vermag ich der Entwickelung jener Theorie zu folgen und ihre Wahrheiten anzuerkennen; sodann aber folgt ein Punkt, bei dem m. E. jeder weitere Anschluß versagt werden muß. Es wird nämlich aus dem in obiger Skizze Enthaltenen folgender Schluß gezogen: ein Gesetz sei einzig und allein aus seinem Wortlaute und nach seiner Tendenz, seinen Culturbestrebungen, seiner organischen Beziehung zum ganzen Rechtsbau zu interpretiren; beschließen die betheiligten Organe einen Rechtssatz ausdrücklich im Widerspruche hierzu, so verdiene ihr Wille keinerlei Beachtung; das Gesetz müsse alsdann selbst gegen die klare und feststehende Intention seines Urhebers lediglich nach den angedeuteten Grundsätzen ausgelegt werden. Zur Erläuterung sollen übrigens die charakteristischsten Aeußerungen hier eine Stelle finden.

---

[1]) Vgl. die lebendigen Schilderungen bei Kohler, a. a. O. S. 28 f. und 4.

Wach, S. 256: „Das Gesetz interpretiren heißt nicht einen Willen suchen und aufdecken, welcher die Quelle des Wortes wurde, sondern welcher den Inhalt des Gesetzes bildet. Nur der verfassungsmäßig erschienene Gedanke ist Gesetz. Er ist es aber auch dann, wenn er ein anderer ist, als der Gedanke, der ihn geboren. Mit der Objectivirung in verbindender Gesetzesform hat er sich von der Person des Urhebers gelöst, seinen Träger in der Gesetzesurkunde gewonnen. Die Thatsache, daß der Gesetzgeber etwas Anderes dachte, als er sagte, d. h. daß der von ihm gewählte und gewollte Ausdruck das nicht bedeutet und nicht bedeuten kann, was er bedeuten sollte, macht weder das Gesagte unverbindlich, noch das nicht Gesagte verbindlich."

Binding, S. 455: „Es ist also der nachweisbare Wille, aus welchem heraus der Herrscher das Gesetz erlassen hat, für seine Auslegung wichtig genug, aber nicht verbindlich." S. 457: „Ergeben sich aus dem Gesetze unlösbare Zweifel, so entscheidet über den wahren Rechtswillen nicht die persönliche Auffassung des Gesetzgebers, die für ihn das Motiv zum Erlaß des Gesetzes wurde, sondern das größere Gewicht der Vernunftgründe für die eine der streitenden Auslegungen." S. 462: „Da nun die Sanction in allen diesen Fällen (Redactionsfehler) dem Gesetzestext mit der anstößigen Stelle ertheilt wird, da der Sanctionswille dahin geht, daß aus diesem (?) Texte der Rechtswille zu entnehmen sei, da die vom Inhalt des Textes abweichende Ansicht des Reichs- oder Landtags, ja selbst die abweichende Ansicht das sanctionirenden Gesetzgebers selbst in keiner Weise Gesetzeskraft erlangt haben, so . . . . ist es schlechthin unerlaubt . . . . den angeblich fehlerhaften Text bei positiven Redactionsversehen ohne Ersatz zu streichen, weil hinter den Worten der Wille des Gesetzgebers nicht steht."

Kohler, S. 26: „Selbst wenn alle Factoren der Gesetzgebung ihre Anschauung über einen bestimmten Gesetzessatz übereinstimmend äußern würden, wäre dies doch nur eine private (!) Ansichtsäußerung und für uns in keiner Weise bindend ...." S. 27: „Nicht was diese Gesetzgebungsorgane unter den Worten gemeint haben, wird Gesetz, sondern dasjenige, was in dem Gesetze gesagt ist; .... ganz unrichtig aber ist es, anzunehmen, daß sie einen Organismus produciren, mit dem Sinne und der Bedeutung, welche sie, die Factoren der Gesetzgebung, in die Worte legen und unter den Worten begreifen."

Nach diesen Aeußerungen müßte man annehmen, daß die Anhänger der erwähnten Theorie unter allen Umständen und ausschließlich den Wortlaut des Gesetzes für maßgebend halten; am klarsten dürfte hierfür die Behauptung Binding's (S. 462) sprechen, daß auch die Redactionsversehen materielle Wirksamkeit erhalten. Allein obige Annahme erweist sich nach anderweitigen Behauptungen keineswegs als zutreffend; dieselben Schriftsteller lassen nämlich eine beschränkende und ausdehnende Interpretation zu und erklären sogar, daß die Auslegung dem Wortlaute zuwiderlaufen müsse, soweit ein abweichender Sinn aus Vernunftgründen, aus dem Zweck des Gesetzes, aus dem organischen Zusammenhange des einzelnen Rechtssatzes mit dem ganzen Gesetze oder der Rechtsordnung hervorgehe [1]).

Die auffallendste Consequenz ist wohl die, daß der Interpret in einen Satz den Sinn und die Kraft hineinlegen müsse, wie sie sich gemäß seiner Ueberzeugung aus dem or-

[1]) S. Wach, S. 257. II. 1, S. 267 N. 2, S. 269. V a. E.; Binding, S. 468 Abs. 2, S. 201. I. 1; Kohler, S. 44.

ganischen und vernünftigen Zweckbestreben des Gesetzes ergeben, mag nun auch feststehen, daß die betheiligten Factoren eine entgegengesetzte Auffassung und einen widersprechenden Willen gehabt haben.

Solches behaupten, heißt nichts Anderes, als den Interpreten über den Gesetzgeber stellen. Die verfassungsmäßigen Organe beschließen eine Maßregel, sie erklären: „dieser Beschluß ist in diesem bestimmten Sinne aufzufassen und dementsprechend soll er ausgeführt werden; Ihr Alle, die Ihr meiner Gewalt unterworfen seid, sollt Euch danach richten". Aber weit gefehlt, daß dem so wäre. Der Gesetzesunterthan — und zu ihm zählt auch der Richter — braucht sich nur als „Interpret" aufzuwerfen, und er ist Imperator und steht allmächtig über dem Gesetzgeber; er hält den Willen, welcher bei der Sanction thatsächlich obgewaltet hat, für einen Verstoß gegen den Zweck, gegen den organischen Zusammenhang des Rechts und jener Wille ist für ihn unverbindlich. Wenn der Gesetzgeber kraft seiner Autorität die ganze Rechtsordnung umgestalten, neue Zwecke und Ziele verwirklichen kann, soll da sein Wille wirklich so ohnmächtig, so ganz unmaßgeblich sein für das Verständniß der von ihm gesprochenen Worte? Der bedenklichste Punkt der gegnerischen Doctrin liegt darin, daß sie den Motiven, Kammerverhandlungen und sonstigen Vorarbeiten eine zu geringe Bedeutung beimißt [1]). Soviel ist allerdings richtig, daß die Sanction recht oft gedankenlos ertheilt wird, oder daß ihre Tragweite überhaupt nicht übersehen werden kann. Ist es alsdann unlogisch, denjenigen, welcher einem Satze Rechtskraft verliehen hat, vermöge Rechtsdichtung als

[1]) S. Wach, S. 259 ff., 281 ff.; Kohler, S. 21 ff., 38 ff. und namentlich Binding, S. 470 ff. Literatur über die Frage bei Goldschmidt, Handb. d. H. R. I, 2. Aufl. S. 311 N. 16.

den Wollenden zu betrachten? Wie viel weniger logisch gerechtfertigt ist es doch, mit Binding, Wach u. A. einen Willen ohne einen Wollenden zu fingiren[1])!

Mit dem Willen des Gesetzgebers fällt — was auch hiergegen gesagt sein mag — jeder Unterschied zwischen ausdehnender Interpretation und Analogie. Da nämlich nach der hier vertretenen Auffassung ein Gesetz insoweit vorliegt, als ein Wille durch seine Erklärung mit Verbindlichkeit ausgestattet worden ist, so ergiebt die extensive Auslegung gesetztes, die Analogie ungesetztes Recht. Soll das Gesetz aber, wie die Gegner annehmen, „Wort gewordener Wille"[2]) sein, so kann die extensive Interpretation, wie die Analogie, consequenter Weise nur ungesetztes Recht ergeben, und es bleiben alsdann für beide Wege der Rechtsfindung die gleichen Directiven: das Zweckbestreben, der organische Zusammenhang des Rechtssatzes ꝛc. bestehen, so daß, wie erwähnt, ein Unterschied nicht mehr zu construiren ist. Er kann eben nur gefunden werden, wenn man hinter den Worten einen autoritativen persönlichen Willen sieht.

Daß aber der letztere in der That unentbehrlich ist, macht der Umstand recht anschaulich, daß Wach und Binding den gesetzgeberischen Willen, den sie so unnachsichtlich verworfen haben, bei der Besprechung der Analogie unvermerkt durch eine Hinterthür in das System wieder eintreten lassen. So sagt Binding, S. 216[3]): „Will der Gesetz-

[1]) Vgl. Kohler, S. 1 f.

[2]) Wach, S. 256; Binding, S. 200 u. N. 10, S. 462. Nicht folgerichtig ist es, wenn die Gegner den durch extensive Interpretation gefundenen Rechtssatz für gesetztes Recht halten: Wach, Gerichtssaal, 1873, S. 438. Vgl. Binding, a. a. O. S. 215. — Vgl. oben S. 99 N. 2 und unten S. 159.

[3]) Auch in folgender Stelle wird der Willensgehalt der zu erlassenden Rechtssätze in materielle Beziehung gebracht zum ita ius esto. Binding, S. 197: „Alles objective Recht ist erklärter Gemeinwille.

geber auf irgend einem Rechtsgebiet der Analogie Schranken setzen, so bedarf es dazu einer unmißverständlichen Willenserklärung." Daß dieser Wille auch stillschweigend erklärt und aus „der Behandlung der Consequenz eines Princips" entnommen werden kann, ergiebt sich aus §. 47 a. a. O. S. 218[1]).

In ähnlicher Weise äußert sich Wach, S. 274: „Nur dort, wo der Gesetzeswille sich im gewählten Ausdruck erschöpfen sollte, wo also bewußt die Analogie ausgeschlossen wird, hat sich der Interpret ihres Gebrauchs zu enthalten." Da nicht eine Urkunde, sondern nur deren persönlicher Schöpfer ein Bewußtsein haben kann, so läßt sich das Wort „bewußt" nur auf eben diesen Schöpfer beziehen. Derselbe

---

Diese Willenserklärung geht stets darauf, daß hiemit ein bestimmter Gedanke über die zweckmäßigste Regelung eines Lebensverhältnisses mit rechtlicher Autorität ausgestattet sei. Jeder Rechtssatz — also auch jedes Gesetz — besteht daher in Wahrheit aus zwei ganz verschiedenen Sätzen: dem Ausdruck des Rechtsgedankens und dem Ausdruck des Rechtswillens. Rechtserzeugung ist also die combinirte Schöpfung beider Sätze; sie zerfällt demnach nothwendig in zwei und nur in zwei Acte, in die Aufstellung des Rechtsgedankens — des sog. Gesetzentwurfs, wenn es sich um ein Gesetz handelt, — und in die Erhebung desselben zum Rechtssatz, d. i. die Zufügung der Rechtswillenserklärung." S. auch Binding in Krit. Viert. J. S., N. F. II, S. 550.

Ich entnehme aus Obigem zweierlei: 1. Die Willenserklärung des Staates geht darauf, daß ein bestimmter Gedanke mit rechtlicher Autorität ausgestattet sei. 2. Die Rechtserzeugung — mithin auch die Gesetzgebung, d. h. die Thätigkeit des Gesetzgebers, welche Recht erzeugt — zerfalle in die Aufstellung des Rechtsgedankens und in die Zufügung der Rechtswillenserklärung. Ich frage nun: wie sind diese Sätze vereinbar mit der Behauptung Binding's (S. 455), daß der nachweisbare Wille, aus welchem heraus die maßgebenden Factoren das Gesetz erlassen haben, für seine Auslegung nicht verbindlich sei?

[1]) „Vielleicht aber entnehmen wir auch der Behandlung der Consequenz eines Princips, ... daß der Gesetzgeber andere Consequenzen desselben nicht anerkennen will."

hat also die Analogie bewußt ausgeschlossen; sein Wille war gegen die weitere Anwendung gerichtet.

Die gegnerische Interpretation aus Princip und System des Rechts findet bei umfangreichen und entwickelten Gesetzbüchern, wie z. B hinsichtlich des Strafgesetzbuchs und der Civilproceßordnung, immerhin einen gewissen Anhalt; man mache aber einmal den Versuch, jene Doctrin auf die große Anzahl unklarer Bestimmungen der Deutschen Reichs-Verfassung anzuwenden, und man wird sofort erkennen, daß weder der Wortlaut, noch die Tendenz, noch der organische Zusammenhang des Rechts stets genügende Anhaltspunkte für die Auslegung bieten; ein Zurückgehen auf die Verhandlungen des Reichstags, die Erklärungen der Regierungscommissarien [1]) 2c., um daraus den gesetzgeberischen Willen festzustellen, ist hier vielfach geradezu unerläßlich.

Wenn aber auch daran festgehalten werden muß, daß mitunter ein bestimmter persönlicher Wille der Sanction zu Grunde liegt und mit ihr erklärt wird und insofern auf alle Fälle gelten muß, so ist doch zuzugeben, daß eine Verschmelzung von Rechtsinhalt und Rechtswillenserklärung nicht immer stattfindet. Und für die Möglichkeit eines gedankenlosen Sanctionirens sollen die folgenden Ausführungen den Beweis erbringen.

Wenn der Landesherr, mag man ihn nun für den alleinigen Inhaber der staatlichen rechtsetzenden Gewalt oder nur für einen der dabei betheiligten Factoren halten, einem umfangreichen Entwurfe, z. B. eines Straf- oder

---

[1]) Alle Vorarbeiten enthalten nicht den Willen des Gesetzgebers, sondern gestatten nur einen Rückschluß auf denselben. Vgl. Goldschmidt, Ueber die Benutzung und Bedeutung der Berathungsprotocolle für die Interpretation des Deutschen Handelsgesetzbuchs, in der Zeitschrift für d. ges. H. R. X, S. 40ff. und Goldschmidt, Handbuch des Handelsrechts I, 2. Aufl. S. 311 ff.

Civilgesetzbuchs, einer Proceßordnung, die Sanction ertheilt, so ist nicht anzunehmen, daß er alle einzelnen Bestimmungen und deren organisches Ineinandergreifen kennt und demnach zum Inhalte seines Willens gemacht hat [1]). Ganz deutlich und unzweifelhaft ist dies in denjenigen Fällen, in welchen bei annectirten oder abgetretenen Gebietstheilen die bisherige Rechtsordnung ganz oder doch zum großen Theile aufgehoben und lediglich aus Gründen der Zweckmäßigkeit durch diejenige des neuen Herrscherstaates ersetzt wird. Wir führen an Art. 1 der Verordnung, betreffend die Einführung der Preußischen Gesetze und die Justizverwaltung in der vormals Bayerischen Enclave Kaulsdorf, vom 22. Mai 1867 [2]):

„Art. 1. Alle Preußischen Gesetze, Verordnungen und Bestimmungen, welche in dem Kreise Ziegenrück des Regierungsbezirks Erfurt Gesetzeskraft haben, werden hierdurch mit derselben Wirkung vom 1. Juni d. J. ab in der Enclave Kaulsdorf unter gleichzeitiger Aufhebung der entgegenstehenden Gesetze, Verordnungen

---

[1]) Wach, Handb. d. D. C.P.R. I, S. 257.

[2]) Der König von Preußen hatte durch Patent vom 12. Januar 1867 (Pr. G.=S. S. 173; Grotefend, S. 631) von der Enclave Kaulsdorf Besitz ergriffen und erklärt, bis zur Einführung der Preußischen Verfassung die gesetzgebende Gewalt allein auszuüben. Durch Gesetz vom 24. December 1866 (Pr. G.=S. S. 876; Grotefend, S. 629 f.) war die Enclave Kaulsdorf der Preußischen Monarchie einverleibt worden (§. 1. Nr. 3), jedoch mit der Maßgabe, daß die Preußische Verfassung in diesem Landestheil erst am 1. October 1867 in Kraft treten sollte (§. 2). Bis zu diesem Zeitpunkte hatte daher der König von Preußen die gesetzgebende Gewalt allein auszuüben. §. 1. der Verordnung vom 29. Januar 1867 (Pr. G.=S. S. 139; Grotefend, S. 634) bestimmte sodann, daß landesherrliche Erlasse, welche Gesetzeskraft erhalten sollen, dieselbe nur durch Aufnahme in die Preußische G.=S. erhalten. Die Verordnung vom 22. Mai 1867 ist in der Preuß. Ges.=S. (1867, S. 729) publicirt worden (s. auch Grotefend, S. 709).

und Bestimmungen nach Maßgabe der Patente wegen Einführung der Allgemeinen Gerichts- und Criminal-ordnung und des Allgemeinen Landrechts in die mit den Preußischen Staaten vereinigten ehemals Sächsischen Provinzen und Districte vom 22. April und 15. November 1816 . . . eingeführt. Hinsichtlich der Einführung der Verfassungs-Urkunde verbleibt es bei dem Gesetze vom 24. December 1866 . . ." [1]).

In dieser Verordnung wird einem großen Theile des Preußischen Rechts die Sanction für die Enclave Kaulsdorf ertheilt; daß aber der Gesetzgeber sich des ganzen Inhalts bewußt war, den er mit äußerer Autorität ausstattete, wird man kaum behaupten können.

In andern Fällen ist nicht einmal die Möglichkeit vorhanden, die Vorschriften, welchen Geltung verliehen wird, zu kennen. Dies trifft zu hinsichtlich der Bestimmung des §. 4 des St.G.B.'s:

„das ausländische Strafgesetz ist anzuwenden, soweit dieses milder ist."

Hier wird auch solchem ausländischen Strafrecht Verbindlichkeit für das Inland verliehen, welches erst in der Zukunft von fremden Staaten erlassen wird, und welches milder ist als die analogen deutschen Bestimmungen.

---

[1]) Aehnlich §. 2. der Verordnung vom 13. Mai 1867 (Pr. G.-S., S. 700; Grotefend, S. 702): „§. 2. Alle seit dem 5. April 1815 ergangenen, das Civil- und Strafrecht, sowie die Civil- und Strafrechtspflege betreffenden Gesetze, Verordnungen und Bestimmungen, welche in dem Landgerichtsbezirk Coblenz Gesetzeskraft haben, werden hierdurch mit derselben Wirkung vom 1. Juli d. J. ab in dem bisherigen Bezirk des Oberamts Meisenheim für eingeführt erklärt und dagegen die seit jenem Zeitpunkte von der Landgräflich Homburgischen und Großherzoglich Hessischen Regierung in den angegebenen Beziehungen erlassenen Gesetze, Verordnungen und Bestimmungen aufgehoben."

In allen erwähnten Fällen kann von einer gehörigen Willensbildung beim Gesetzgeber nicht die Rede sein Daraus folgt aber, daß man dieselbe auch nicht als ein essentiale des legislativen Actes ansehen darf. Das einzige wesentliche Erforderniß des letzteren ist vielmehr, wie Laband hervorgehoben hat, ausschließlich und allein die Sanction.

Eine treffende Definition des Gesetzesbefehls enthalten die folgenden Worte Bindings[1]): „er ist eine feierliche Willenserklärung, daß Etwas, was Recht bis dahin nicht war, die Qualität des Rechtssatzes fürderhin an sich tragen soll: er ist ein Schöpfungsact . . . Man kann allenfalls befehlen, daß etwas Recht werden soll, denn da ließe sich allenfalls eine Thätigkeit zwecks Ausführung dieses Befehls denken; man kann nicht befehlen, daß etwas Recht sein soll: denn solcher Befehl läßt sich gar nicht ausgeführt denken."

Mit der feierlichen Erklärung ita ius esto ist die Thätigkeit des Gesetzgebers erschöpft; sein Befehl schafft das Recht. So lange eine Lebensregel mit äußerer Autorität ausgestattet ist, kann ihr dieselbe nicht noch einmal verliehen werden. Man wird daher in denjenigen Gesetzen, welche

---

[1]) Krit. V. J. S., N. F. Bd. II, S. 552; unzutreffend erscheint dagegen die Behauptung Binding's, daß der Gesetzesbefehl verschieden sei von dem Befolgungsbefehle, da Gesetze publicirt würden, ohne daß über den Tag ihres Inkrafttretens etwas bestimmt sei; dem ist entgegen zu halten, daß in solchen Fällen die Sanction ein bedingter Befolgungsbefehl ist; der Gesetzgeber macht den Eintritt der materiellen Gesetzeskraft von irgend einem späteren Umstande abhängig. Zu weit geht Binding offenbar, wenn er sagt: „Er (i. e. der Gesetzesbefehl) ist überhaupt kein Befehl" und er widerspricht sich selbst, wenn er den Gesetzesbefehl für identisch erklärt mit dem „Imperativ ita ius esto" (a. a. O. S. 550, 551, 552); s. auch aus dem Citate oben im Text: „Man kann allenfalls befehlen, daß etwas Recht werden soll. . . . ."

eine bereits erlassene Rechtsnorm nur wiederholen, rein formelle erblicken müssen: sie schaffen kein neues objectives Recht, sondern bringen bestehendes in Erinnerung[1]); sie wiederholen dieselben Gedanken, und der nämliche fortdauernde Rechtswille giebt sich in ihnen kund. Bis auf den einen Punkt, daß es keine Veränderung in der Rechtswelt hervorbringt, kommt dem wiederholenden Gesetze die gleiche Wirkung wie dem wiederholten zu; auch das erinnernde hat zunächst formelle Gesetzeskraft[2]). Das Wesen des Gesetzes, sein treibendes Princip, ist zu finden in dem staatlichen Willen, welcher ihm zu Grunde liegt. Die Erklärung ist nur das Mittel, welches dieses psychische Moment erkenntlich macht; die Form, in welcher das Gesetz erlassen wird, die Worte desselben und sonstige Nebenumstände sind Beweismittel für die Existenz des Willens[3]). Die abermalige Erklärung, welche mit einer geltenden übereinstimmt, erbringt gleichfalls den Beweis für denselben normativen Willen. Sie ist formelles Gesetz und hat darum formelle Gesetzeskraft; sie enthält ferner wie

[1]) Kierulff, Theorie des Gemeinen Civilrechts I, 1839, S. 45f. spricht davon, daß in einem wiederholenden Gesetze der Gesetzgeber den „Inhalt eines alten Gesetzes aufs Neue sanctionirt" und fährt fort: „Solche bestätigenden und erneuernden Gesetze erinnern das Volk und den Richter an die Befolgung." Es ist nicht zulässig, „sanctioniren" und „erinnern" zu identificiren, sanctioniren heißt: eine oder eine Anzahl von Vorschriften mit Verbindlichkeit ausstatten und ist etwas ganz Anderes als ein Erinnern.

[2]) Die formelle Gesetzeskraft beruht darin, daß eine staatliche Erklärung nur durch ein formelles Gesetz wieder aufgehoben werden kann; die materielle Gesetzeskraft oder die Wirkung des Inhaltes eines Gesetzes, kann später beginnen als die formelle, nach einem auf die Publication folgenden Zeitablaufe. Vgl. Laband in Marquardsen's Handbuch des öffentlichen Rechts Bd. II, 1, S. 81 f.

[3]) Daß in den Fällen eines gedankenlosen Sanctionirens der Wille auf Grund einer Fiction anzunehmen ist, wurde oben bereits hervorgehoben.

der frühere Ausspruch, denselben Rechtssatz und hat insofern die nämliche materielle Kraft, als sie gleichfalls die Befolgung ihres Inhalts verlangt. Dies Alles wird sich insbesondere dann offenbaren, wenn die ältere Norm aufgehoben wird, während die jüngere in Geltung bleibt. Es besteht aber doch ein Unterschied zwischen beiden Gesetzen: das später ergangene kann den Rechtssatz nicht schaffen, es läßt die Rechtsordnung unverändert. Denn, wie gesagt, es ist logisch nicht möglich, daß eine Vorschrift, welche bereits mit Verbindlichkeit begabt ist, nochmals mit derselben ausgestattet werde. Nun ist Gesetz in der Bedeutung, welche hier besonders in Betracht kommt, die verbindliche Anordnung einer Rechtsregel. In diesem Sinne ist von dem Begriff desselben untrennbar verbunden die Thätigkeit, die es erzeugt; diese ist eine rechtschaffende, ein Setzen, Festsetzen, sie ist Gesetzgebung. Rechtsregeln bilden kann Jeder, ihnen Wirksamkeit beilegen nur der Gesetzgeber. Dieses productive Moment fehlt bei der Wiederholung eines bereits geltenden Satzes durch die legislativen Organe. Sofern wir demnach unter einem materiellen Gesetze denjenigen staatlichen Ausspruch verstehen müssen, welcher einer Rechtsnorm Verbindlichkeit verleiht, eine Veränderung in der Rechtswelt hervorbringt, ist das wiederholende Gesetz nur ein rein formelles.

Vergleichen wir das Verhältniß mit dem bei einem durch Schriftlichkeit bedingten Vertrage obwaltenden. Das frühere Gesetz entspricht dem ursprünglichen Vertragsabschlusse. Das spätere, gleichartige stellt die abermalige Vollziehung einer gleichlautenden Vertragsurkunde dar. Nur die erste Vollziehung erzeugt den Vertrag, und dieser kann nur einmal abgeschlossen werden; die abermalige Vollziehung von Seiten der Contrahenten kann das bereits vorhandene Rechtsverhältniß nicht nochmals schaffen; sie liefert aber gleichfalls den Beweis dafür, daß das Rechtsgeschäft zustandegekommen ist und hat dieselbe materielle und formelle Wirkung, wie die ursprüngliche Vollziehung, mit alleiniger Ausnahme davon, daß durch sie der Vertrag nicht begründet wird.

Eine Wiederholung eines Rechtssatzes, ein solcher Pleonasmus des Gesetzgebers, kann durch verschiedene Beweggründe veranlaßt werden: mitunter wird eine Vorschrift allein aus dem Grunde reproducirt, um sie denjenigen, welche sich danach zu richten haben, in Erinnerung zu bringen. Das ist z. B. dann der Fall, wenn in einem Steuergesetze den Steuerbeamten verboten wird, Geschenke anzunehmen, obwohl dieses Verbot der Beamtenbestechung bereits in dem Strafgesetzbuche erlassen worden ist. Es ist ferner eine Wiederholung bestehender Rechtsvorschriften dann empfehlenswerth, wenn eine bestimmte Materie im Laufe der Zeit durch eine Reihe aufeinander folgender Gesetze geregelt worden ist, von denen das je spätere einen Theil des je früheren aufgehoben oder ergänzt hat, so daß eine Uebersicht über das nun geltende Recht umständlich ist. In solchen Fällen können die verfassungsmäßig berechtigten Organe die sämmtlichen noch geltenden Bestimmungen in einem neuen Willensausdrucke zusammenfassen. Das Motiv eines solchen Redactionsgesetzes ist die Uebersichtlichkeit; ein neuer rechtschaffender Wille braucht darin nicht zum Ausdrucke zu gelangen; es ist insoweit ein rein formelles Gesetz.

Die Gewerbeordnung [1]) vom 21. Juni 1869 ordnet in

[1]) Die Gewerbeordnung für den Norddeutschen Bund hat für Hessen südlich des Mains Geltung erhalten durch die Verfassung des Deutschen Bundes Art. 80 a. E. (B.G.Bl. 1870, S. 649), bez. §. 2 des Gesetzes, betr. die Verfassung des Deutschen Reiches, vom 16. April 1871 (B.G.Bl. S. 63) und ist in Württemberg und Baden durch Reichsgesetz vom 10. November 1871, in Bayern durch Reichsgesetz vom 12. Juni 1872 eingeführt worden.

ihrem VII. Titel §§. 105—139 die Verhältnisse der Gewerbegehülfen, Gesellen, Lehrlinge und Fabrikarbeiter. Dieser VII. Titel hat eine Umarbeitung erfahren in dem Reichsgesetze, betreffend die Abänderung der Gewerbeordnung, vom 17. Juli 1878[1]); die correspondirenden Bestimmungen des letztgenannten Gesetzes tragen gleichfalls die Ueberschrift: „Titel VII"; es haben darin jedoch nicht alle von der Gewerbeordnung aufgestellten Sätze inhaltlich eine Abänderung erfahren, sondern einzelne Rechtsvorschriften sind nur wiederholt worden.

So entsprechen die §§. 109 und 110 der Gew.O. den §§. 121 und 122 des Gesetzes vom 17. Juli 1878.

Die bezüglichen §§. 109 und 121 lauten[2]):

> „Die Gesellen und Gehülfen sind verpflichtet, den Anordnungen der Arbeitgeber in Beziehung auf die ihnen übertragenen Arbeiten und auf die häuslichen Einrichtungen Folge zu leisten; zu häuslichen Arbeiten sind sie nicht verbunden."

Eine Anzahl von Bestimmungen des Strafgesetzbuches für das Deutsche Reich vom 15. Mai 1871 haben einen

---

[1]) R.G.Bl. 1878, S. 199ff.

[2]) Das Gesetz vom 17. Juli 1878 weicht von der oben angegebenen Fassung der Gew.O. nur insofern ab, als der entsprechende §. 121, unter Fortlassung des ersten Wortes „Die", beginnt: „Gesellen und Gehülfen sind rc." — §§. 110 bez. 122 l. c. haben nicht ganz denselben Wortlaut, wohl aber denselben Inhalt, so daß der Erlaß der letztergangenen Vorschrift nur formelles Gesetz ist. Aehnliches gilt hinsichtlich folgender Bestimmungen der §§ 128 bez. 135 l. c. In §. 128 heißt es: „Junge Leute, welche das vierzehnte Lebensjahr zurückgelegt haben, dürfen vor vollendetem sechszehnten Lebensjahre in Fabriken nicht über zehn Stunden täglich beschäftigt werden." Die entsprechende Stelle des §. 135 des G. vom 17. Juli 1878 lautet: „Junge Leute zwischen vierzehn und sechszehn Jahren dürfen in Fabriken nicht länger als zehn Stunden täglich beschäftigt werden."

andern Inhalt erhalten durch das Reichsgesetz vom 26. Febr. 1876[1]), verschiedene Paragraphen jedoch nur zum Theil, so daß an letztgenannter Stelle einzelne Rechtssätze des Strafgesetzbuchs lediglich aus redactionellen Gründen wiederholt werden.

§. 4 des Str.G.B. vom 15. Mai 1871 lautet:

„Wegen der im Auslande begangenen Verbrechen und Vergehen findet in der Regel keine Verfolgung statt.

Jedoch kann nach den Strafgesetzen des Deutschen Reichs verfolgt werden:

1. ein Ausländer, welcher im Auslande eine hochverrätherische Handlung gegen das Deutsche Reich oder einen Bundesstaat, oder ein Münzverbrechen begangen hat;
2. ein Deutscher, welcher im Auslande eine hochverrätherische oder landesverrätherische Handlung gegen das Deutsche Reich oder einen Bundesstaat, eine Beleidigung gegen einen Bundesfürsten oder ein Münzverbrechen begangen hat.
3. ein Deutscher, welcher im Auslande eine Handlung begangen hat, die nach den Gesetzen des Deutschen Reichs als Verbrechen oder Vergehen anzusehen und durch die Gesetze des Orts, an welchem sie begangen wurde, mit Strafe bedroht ist.

Die Verfolgung ist auch zulässig, wenn der Thäter bei Begehung der Handlung noch nicht Deutscher war. In diesem Falle bedarf es jedoch eines Antrages der zuständigen Behörde des Landes, in welchem die

---

[1]) R.G.Bl. 1876, S. 25 ff.

strafbare Handlung begangen worden, und das ausländische Strafgesetz ist anzuwenden, soweit dieses milder ist."

Soweit der Text des §. 4 in Obigem gesperrt gedruckt ist, stimmt §. 4 des Gesetzes vom 26. Februar 1876 mit ihm wörtlich überein; letzteres weicht, theils bloß in der Fassung, theils auch im Inhalte, unter Nr. 1 und 2 §. 4 von den mitgetheilten, nicht gesperrt gedruckten Bestimmungen ab; beispielsweise lautet Nr. 1 §. 4 des Gesetzes vom 26. Februar 1876:

„ein Deutscher oder ein Ausländer, welcher im Auslande eine hochverrätherische Handlung gegen das Deutsche Reich oder einen Bundesstaat, oder ein Münzverbrechen, oder als Beamter des Deutschen Reichs oder eines Bundesstaats eine Handlung begangen hat, die nach den Gesetzen des Deutschen Reichs als Verbrechen oder Vergehen im Amte anzusehen ist."

Dagegen ist Nr. 3 an beiden erwähnten Stellen sowohl gleichlautend als auch, worauf es hier ankommt, dem Inhalte nach übereinstimmend, und hat des letzteren Umstandes wegen die Anordnung von Nr. 3 des G. vom 26. Februar 1876 einen rein formell-gesetzlichen Charakter.

Anders verhält es sich jedoch hinsichtlich einiger Sätze des §. 4, welche nur dem Wortlaute, nicht auch ihrem inneren Gehalte nach congruent sind. Soweit nämlich Nr. 1 Abweichungen aufstellt, haben die gleichlautenden zweiten und letzten Alineas in beiden Gesetzen einen verschiedenen Inhalt; denn z. B. das letzte Alinea, wonach die Verfolgung auch zulässig ist, wenn der Thäter bei Begehung der Handlung noch nicht Deutscher war 2c., erhält seine Substanz zum Theil aus den sub Nr. 1, 2 und 3 geschilderten strafbaren Handlungen; wird der Bestand dieser Nummern geändert, so gilt das Gleiche von dem erwähnten letzten Absatz. Obschon dieser in dem späteren Gesetze vom 26. Februar 1876 denselben Wortlaut hat, wie die entsprechenden Bestimmungen des §. 4 Str.G.B. vom 15. Mai 1871, so wohnt demselben doch ein neuer Wille inne; der Erlaß des wörtlich übereinstimmenden Passus des späteren Gesetzes ist daher wahrhaft ein Act der Rechtserzeugung.

Ferner verdienen auch diejenigen vom Reich erlassenen Gesetze ihren Namen in materieller Beziehung, welche z. B. preußische Landesgesetze zu Reichsgesetzen erklären, selbst wenn sie die Geltung der letzteren auf Preußen beschränken würden; hier ist ein neuer selbständiger Willensentschluß einer höheren Gewalt zu finden, der die betreffenden Rechtssätze mit einer weiteren Verbindlichkeit ausstattet. Daß demnach auch dasjenige Gesetz ein materielles ist, welches das Geltungsgebiet des bisherigen objectiven Rechts erweitert — also z. B. eine vom Norddeutschen Bund verabschiedete Norm, in Bayern oder in Elsaß-Lothringen u. s. w. einführt oder fremdländischem Rechte für deutsches Gebiet Geltung verleiht — bedarf keiner weiteren Ausführung.

Das Moment der Rechtserzeugung kann auch bei einer authentischen Interpretation fehlen; wenn nämlich darin derselbe Wille wie in der zu erklärenden Vorschrift, nur in einer verständlicheren Form, reproducirt wird, so ist das auslegende Gesetz kein Act der Normsetzung [1]).

Nicht in allen Fällen jedoch hat eine authentische Interpretation denselben Inhalt, wie die ihr zu Grunde liegende Vorschrift [2]).

[1]) Eine authentische Interpretation kann auch eine in einem Gesetz enthaltene Verwaltungsvorschrift erläutern und insofern ein rein formelles Gesetz sein; oben im Text ist jedoch nur die Rede von der Auslegung materieller Gesetze.

[2]) Vgl. Stobbe, Handbuch des Deutschen Privatrechts Bd. I, 2. Aufl. 1882, S. 124; Unger, System des österreichischen allgemeinen Privatrechts Bd. I, 4. Aufl. 1876, S. 97, sowie namentlich die eingehende

Die gesetzliche Auslegung findet statt, zunächst wenn der Gesetzgeber über das, was er wollte, sich nicht klar gewesen

---

Abhandlung Bremer's „Die authentische Interpretation" in Bekker und Muther's Jahrbuch des gem. deutschen Rechts Bd. II, 1858, S. 247: „Leicht möchte ein Gesetzgeber, ohne es zu wollen, dazu kommen können, bei Erlassung einer authentischen Interpretation etwas in das erklärte Gesetz hinein zu legen, was in der That nicht in demselben enthalten war." — Die wichtigste Eigenthümlichkeit der authentischen Interpretation ist ihre rückwirkende Kraft. Vgl. G. Meyer, Lehrbuch des D. St.R. 1. Aufl. S. 400, 2. Aufl. S. 457; ferner Brinz, Pandekten, 3. Aufl. I, S. 112; Bremer a. a. O. S. 241 ff.; Unger a. a. O. S. 99 f. u. A. Wenn das erklärende Gesetz denselben Willen enthält wie das erklärte, nur in deutlicherer Fassung, so hat der Willensinhalt des ersteren schon vom Geltungstage des letzteren an bestanden. Die Zurückwirkung der authentischen Interpretation in anderen Fällen beruht auf Fiction. Vgl. Brinz a. a. O. Die rückwirkende Kraft tritt ein, entweder, wenn aus einem Gesetze, welches sich als authentische Interpretation nicht bezeichnet, der Wille erhellt, die frühere Norm zu declariren, oder in den Fällen, in welchen das Gesetz sich die fragliche Bezeichnung beilegt, oder wenn der Gesetzgeber ausdrücklich bestimmt, daß die rückwirkende Kraft eintreten solle. Die rückwirkende Kraft ist von besonderer Wichtigkeit bei schwebenden Processen, da der Richter zweiter und dritter Instanz die nach der Entscheidung erster Instanz ergangene Erläuterung berücksichtigen muß. In Betreff der Controverse, ob eine authentische Interpretation auch rückwirkende Kraft habe, wenn sie einen Inhalt hat, der von dem früheren Willen des Gesetzgebers verschieden ist, vgl. Bremer a. a. O. S. 247 ff. und H. Göppert, Gesetze haben keine rückwirkende Kraft, herausgegeben von E. Eck, Jahrb. f. d. Dogmatik, 1884, S. 192 ff. Nach Göppert besteht die Declaration aus zwei Theilen: aus dem Befehle, es solle dies oder jenes Rechtens sein und sodann aus der Aussage, derselbe Befehl sei auch schon in jenem älteren Gesetze enthalten gewesen. Nur der erste Theil sei wirklich ein Gesetz, der zweite dagegen eine Belehrung, welche nicht Gehorsam, sondern Glauben verlange, daher das natürliche Gebiet der Gesetzgebung überschreite. Die Ausführungen Göppert's können nur dann zutreffend sein, wenn die legislativen Factoren der Declaration rückwirkende Kraft nicht beilegen wollten; im entgegengesetzten Falle aber enthält die Erklärung zwei Befehle: zunächst daß dies oder jenes Rechtens sei und sodann, daß Behörden und Unterthanen es so halten sollen, als sei dies oder jenes

ist, sodann wenn er zwar einen bestimmten Willen hatte und denselben erklären wollte, ihn aber zum Theil nicht oder undeutlich erklärte, oder geradezu etwas Anderes aussprach, als er beabsichtigte.

Hatte der Gesetzgeber bei Erlaß der zu interpretirenden Norm ein klar bewußtes Ziel im Auge, so ist zwar die Möglichkeit vorhanden, daß er in seiner Erläuterung den Geist des ursprünglichen Gesetzes richtig erkennt und wiedergiebt; dies wird jedoch nicht stets mit Nothwendigkeit der Fall sein; es ist nämlich denkbar, daß die berufenen Organe von dem ursprünglichen Sinne mit Bewußtsein abweichen und trotzdem ihre Erklärung aus Zweckmäßigkeitsgründen als authentische Interpretation bezeichnen; weiterhin ist es möglich, daß sich die frühere Absicht des Gesetzgebers überhaupt nicht mehr feststellen läßt; dies wird namentlich dann zutreffen, wenn seit Erlaß der zu erläuternden Bestimmung längere Zeit verstrichen ist, und andere Personen des gesetzgeberischen Amtes walten. Die Zusammensetzung parlamentarischer Versammlungen ist einer fortwährenden Wandlung unterworfen, und es kann auch die Auslegung einer unter den Vorgängern des Herrschers ergangenen Rechtsvorschrift nothwendig werden [1]). Wie Bremer sagt [2]) können auch die vor Jahrhunderten erlassenen Gesetze Gegenstand eines er-

schon seit der Geltung des älteren Gesetzes in Kraft gewesen. Ganz klar aber tritt zu Tage, daß der zweite Theil ein derartiger Befehl und keine Belehrung ist, wenn der Gesetzgeber mit Bewußtsein von der Absicht des früheren Gesetzes abweicht und seine Erklärung dennoch Interpretation nennt, da sich aus dieser Bezeichnung der Schluß rechtfertigt, daß die Declaration rückwirkende Kraft haben solle; die letztere wird alsdann nothwendiger Weise eintreten, da ein Befehl des Gesetzgebers befolgt werden muß.

[1]) Bremer a. a. O. S. 286.

[2]) Bremer a. a. O.

klärenden Ausspruchs werden, und er bestreitet[1]) mit Recht: „daß der Gesetzgeber vorzugsweise befähigt sei, den Gedanken, welchen er in einem früher von ihm selbst erlassenen Gesetze hat aussprechen wollen, mittelst einer authentischen Interpretation in seiner Reinheit wieder anzugeben".

In dem anderen Falle aber, wenn der Schöpfer des Rechts selber sich nicht vollkommen bewußt war, welchen Inhalt er seinem Willen gab, wird der Legalinterpretation unter allen Umständen ein neues und daher productives Element eigen sein.

Letzteres wird von einigen Schriftstellern sogar in denjenigen Fällen angenommen, in welchen die Erläuterung ganz dasselbe, wie das erklärte Gesetz, nur in einer leichter zu verstehenden Fassung zum Ausdruck bringt. So behauptet Bremer[2]): die Legalinterpretation sei eine Norm, nicht für das Erkennen, sondern für das Handeln, ein neuer Ausdruck des gesetzgeberischen Willens, sie enthalte immer eine neue positive Satzung; der Rechtssatz trete in seiner jetzigen Gestalt, in seiner jetzigen Bestimmtheit, erst durch das neue Gesetz ins Leben und in das Bewußtsein der Unterthanen; die Declaration beschränke dieselben in der Auffassung und Anwendung des früheren Rechtssatzes, sie enthalte formell und materiell ein neues Verbot oder Gebot, bilde eine neue Rechtsquelle[3]).

Bremer erblickt also in der authentischen Interpretation eine neue, selbständige Willenserklärung an die Unterthanen,

---

[1]) a. v. O. S. 287.

[2]) a. a. O. S. 281 f.

[3]) Vgl. auch die ferneren Ausführungen a. a. O. S. 280 ff.

die frühere Vorschrift in einer bestimmten Weise aufzufassen und anzuwenden.

Dieser Behauptung ist, wenigstens in dieser Allgemeinheit, nicht beizustimmen. Wenn man auch den Willen [1]) des Gesetzgebers als das entscheidende, wirkende Moment und insofern vom Standpunkte philosophischer Betrachtung als das Gesetz betrachten muß, so ist doch Gesetz in juristisch-technischer Beziehung diejenige Erklärung eines allgemeinen Willens, welche denselben mit Verbindlichkeit für die Unterthanen ausstattet; nicht der bloß gedachte Wille an sich ist das Gesetz im technischen Sinne, sondern er wird nur insofern gesetztes Recht, als er kundgegeben und dadurch verbindlich angeordnet worden ist.

Hat daher der Inhaber der legislativen Gewalt etwas, was er anordnen wollte, überhaupt nicht erklärt, oder indem er z. B. etwas Anderes sagte, als er beabsichtigte, so daß sein Ausspruch die Intention des Urhebers nicht wiedergiebt, so liegt, insoweit ein solcher Mangel vorhanden ist, ein Gesetz nicht vor. Eine authentische Interpretation, welche jenem Mangel abzuhelfen sucht und den Gedanken, wie er bei der früheren Erklärung zwar vorhanden, aber

---

[1]) Bremer, S. 284 l. c. „Allerdings tritt in dem auf eigentlichen Gesetzen beruhenden Recht der Wille und die Macht des Gesetzgebers als das entscheidende Moment der Rechtsbildung hervor; aber der Wille des Gesetzgebers allein kann noch kein Recht schaffen, ist noch keine Rechtsquelle; zur Rechtsbildung wird jedenfalls erfordert, daß der Wille ausgesprochen, verkündet, in das Bewußtsein des Volks aufgenommen sei. Den wahren Inhalt des geltenden Gesetzes bildet also nicht der innere, verborgene Gedanke des Gesetzgebers, sondern sein in Worten (?) dargelegter und vom Volke vernommener Wille." Vgl. auch Merkel, Juristische Encyclopädie, 1885, S. 62, §. 104 Anm. und Binding, Handbuch des Strafrechts I, S. 200 u. Anm. 10. S. dagegen unten S. 156f.

darin nicht zum Ausdruck gekommen war, kundgiebt, enthält einen noch nicht geäußerten Willen. Folglich schafft eine derartige, authentische Interpretation allerdings einen neuen Rechtssatz, da erst in ihr ein bestimmter autoritativer Wille in die Erscheinung tritt.

Ganz anders liegt die Sache dagegen, wenn der Gesetzgeber seinen Willen bereits in der ursprünglichen Anordnung, wenn auch in einer schwer verständlichen Weise, niedergelegt hat. Dies ist der Fall, wenn trotz der Ungenauigkeit des Wortlauts der wirkliche, wahre Sinn des Gesetzes auf wissenschaftlichem Wege sich feststellen läßt. Dem ungeachtet kann, um künftigen Mißdeutungen vorzubeugen, eine Interpretation erlassen werden. Stimmt dieselbe mit dem richtigen Resultate der wissenschaftlichen Auslegung überein, so schafft sie keinen neuen Rechtssatz; derselbe Gedanke lag der früheren Erklärung nicht nur zu Grunde, sondern war auch darin wirklich zum Ausdruck gelangt und kenntlich gemacht. Nicht das gehört zum Wesen des materiellen Gesetzes, daß der Wille, welcher mit Verbindlichkeit ausgestattet werden soll, leichter oder schwerer, schon für den Laien oder nur für den Gelehrten, durch einfaches Lesen oder nur im Wege scharfsinniger Untersuchung kenntlich wird, sondern es ist nur erforderlich, daß der Wille, der das Gesetz ins Leben rief, aus ihm überhaupt in irgend einer Weise erhellt. Die einzelnen Worte sind im Verkehre der Menschen Symbole oder Träger von Gedanken. Sie sind dies aber nicht in der Art, daß sie einen objectiven Sinn beanspruchen, sondern sie haben denjenigen Verkehrswerth, welchen der sich Aeußernde im concreten Falle in erkennbarer Weise ihnen verleiht. Die zu einem Satze verbundenen Worte haben ferner nicht denjenigen geistigen Gehalt, welcher aus ihrer grammatischen Aneinanderreihung hervorgeht, sondern vielmehr denjenigen, welcher aus ihrem logisch-organischen Zusammenhange mit anderen Sätzen, der ganzen Rede oder sonstigen Nebenumständen nach dem Willen des Redenden sich ergeben soll und sich ergiebt. In diplomatischen Noten ist oft weit mehr und weit wichtigeres erklärt, als sich mit alleiniger Hülfe von Grammatik und Lexikon herauslesen läßt. Ganz ähnlich verhält es sich mit dem Gesetz; nicht der objective Wort- oder Satzsinn ist maßgebend für die Findung des festgestellten Rechtssatzes, sondern allein der Sinn, den der Gesetzgeber mit seinem Ausspruche verbunden hat, und welcher mit geringerem oder größerem Scharfsinn, mit oder ohne wissenschaftliche Hülfsmittel aus der Anordnung und deren Nebenumständen sich erkennen läßt.

Eine Legalinterpretation [1]), welche einen bereits kundgegebenen, jedoch in schwer verständlicher Weise erklärten, Willen, abermals, nur in anderer, leichter verständlichen Form ausspricht, wiederholt denselben Rechtssatz. Sie enthält allerdings ferner einen Befehl [2]), die erläuterte Norm in bestimmter Weise zu verstehen; ein solcher Befehl schafft aber nichts Neues: denn die Rechtspflicht, das Gesetz in Gemäßheit des in ihm — wenn auch nur schwer — erkennbar gemachten Willensinhaltes zu verstehen, wird nicht erst durch die authentische Interpretation begründet: sie ist vielmehr in dem Augenblicke des Inkrafttretens eines jeden Gesetzes vorhanden.

---

1) Das Wort Legalinterpretation wird in der Regel nur im engeren Sinne, d. h. als Interpretation durch formelles Gesetz, verstanden. Im weiteren Sinne umfaßt die Legalinterpretation auch die usuelle, d. i. gewohnheitsrechtliche Auslegung. Vgl. Thöl, Einleitung in das Deutsche Privatrecht, 1851, §. 58, S. 145 und Windscheid, Lehrbuch des Pandektenrechts, 5. Aufl. Bd. 1. §. 20. Anm. 2, S. 55.

2) S. oben S. 152 Anm.

In den meisten Fällen wird es sich freilich der Beurtheilung entziehen [1]), ob einer authentischen Interpretation eine neue motorische Kraft inne wohnt oder nicht, ob sie demnach ein materielles oder ein rein formelles Gesetz ist; das einzige Mittel, dies festzustellen, bietet die wissenschaftliche Auslegung [2]).

Bei der Beurtheilung macht es keinen Unterschied, ob das frühere Gesetz und dessen Declaration von demselben oder von verschiedenen Gesetzgebern erlassen sind; es kann in Preußen ein Rechtssatz des in der Rheinprovinz geltenden Code Napoléon durch die Legislative ausgelegt [3]) und diese Erklärung in der Absicht, ihr rückwirkende Kraft beizulegen,

---

[1]) Als ein Beispiel der authentischen Interpretation führen wir an §. 1. des Gesetzes vom 31. Mai 1880, betreffend die authentische Erklärung und die Gültigkeitsdauer des Gesetzes gegen die gemeingefährlichen Bestrebungen der Socialdemokratie vom 21. October 1878 (R.G.Bl. S. 117). §. 28. Nr. 3 des Gesetzes vom 21. Oktober 1878 hatte bestimmt: „daß Personen, von denen eine Gefährdung der öffentlichen Sicherheit oder Ordnung zu besorgen ist, der Aufenthalt in den Bezirken oder Ortschaften versagt werden kann."

§. 1. Abs. 1 des Gesetzes vom 31. Mai 1880 lautet:

> „Die im §. 28 Nr. 3 des Gesetzes vom 21. October 1878 getroffene Bestimmung wird dahin erläutert, daß dieselbe auf Mitglieder des Reichstags oder einer gesetzgebenden Versammlung, welche sich am Sitze dieser Körperschaften während der Session derselben aufhalten, keine Anwendung findet."

[2]) Eine authentische Interpretation einer Verfassungsbestimmung muß auch dann auf dem für Verfassungsänderungen vorgeschriebenen Wege der Gesetzgebung erlassen werden, wenn sie denselben Inhalt wie die declarirte Verfassungsbestimmung hat, da sie auf alle Fälle eine Novation der Form enthält, und eine Aenderung des Wortlauts der Verfassung eine Verfassungsänderung ist.

[3]) Mit Recht bemerkt Bremer S. 289 a. a. O., daß eine von der französischen Gesetzgebung erlassene authentische Interpretation einer Stelle des Code Napoléon für einen Richter eines deutschen Staates, in welchem der Code gilt, nicht verbindlich sei.

als authentische Interpretation bezeichnet werden. Wird hierbei ein bereits erlassener Befehl, allein unter Veränderung seiner Fassung und ohne seinen Inhalt anzutasten oder ihm eine andere Verbindlichkeit zu verleihen, wiederholt, so liegt ein rein formelles Gesetz vor.

Nicht zu verwechseln mit der extensiven Interpretation [1]) ist die Analogie; beiden gemeinsam ist, daß die für eine Regel getroffene Normirung auf einen nicht beschriebenen Thatbestand Anwendung findet; die ausdehnende Erklärung geht davon aus, daß der Gesetzgeber mit dem von ihm im Gesetzestext aufgestellten abstracten Thatbestande einen der Beurtheilung unterliegenden realen Thatbestand umfassen wollte, aber dem Wortlaute nach nicht einbegriffen hat; die Analogie sucht nicht den vorhandenen (oder im Falle gedankenlosen Sanctionirens als vorhanden angenommenen) gesetzgeberischen Willen, sondern sie forscht nach dem Grunde [2]) des Gesetzes und folgert, daß der Gesetzgeber, wenn ihm der vorliegende Fall zum Bewußtsein gekommen wäre, auch diesen der ratio legis entsprechend geregelt hätte. Daß ein derartiger präsumtiver, in Wahrheit gar nicht vorhandener oder als vorhanden angenommener Wille nicht als Befehl und daher auch nicht als Gesetz aufgefaßt werden kann, bedarf keiner näheren Ausführung; wenn ihm dennoch Rechtswirkung beigemessen wird, so entspringt diese nicht aus seiner

---

[1]) Die Interpretation ist erläuternd, wenn sie denselben Inhalt in deutlicherer Form wiederholt, oder berichtigend; letztere kann entweder einschränkend oder ausdehnend oder abändernd sein. Vgl. Windscheid, Lehrbuch des Pandektenrechts, 5. Aufl. Bd. I, §. 21, S. 57f.; Thöl, Einleitung in das Deutsche Privatrecht, §. 59, S. 147 f.

[2]) Vgl. Förster, Preußisches Privatrecht, 4. Aufl. Bd. I, 1881, §. 13, S. 75 f. und Anm. 3, 4, 5 (Beispiele). Vgl. ferner Thöl, Einleitung in das Deutsche Privatrecht, §. 64, insbesondere S. 156 f.

eigenen Natur, sondern sie besteht nur kraft eines Rechtssatzes, welcher die Analogie zur Rechtsinstitution macht.

Zu erwähnen ist hier auch die Antinomie; vermag die Wissenschaft den Widerspruch der verschiedenen Stellen nicht zu lösen, so ist ein bestimmter Wille, der zu befolgen wäre, nicht erklärt, und liegt daher eine verbindliche Anordnung eines Rechtssatzes nicht vor.

Ebensowenig tritt uns unter Umständen eine solche alsdann entgegen, wenn Sätze des Gewohnheitsrechts durch die Legislative codificirt werden; geschah dies nämlich in der Absicht, den Beweis für das Vorhandensein des Gewohnheitsrechts lediglich zu erleichtern, ohne den Gegenbeweis seiner Geltung auszuschließen, so hat die Codification nur einen formellgesetzlichen Charakter. Tritt jedoch ein neuer, selbständiger Wille hinzu, indem entweder die örtliche oder zeitliche Geltung eines Rechtssatzes verändert oder seine Geltung mit einer anderen Autorität bekleidet wird, so haben wir es insoweit mit einem materiellen Gesetze zu thun.

Endlich sei noch erwähnt, daß es eine Reihe von gesetzlichen Bestimmungen giebt, welche eine Veränderung in der Rechtswelt nicht hervorbringen, weil ihr Inhalt ein selbstverständlicher ist und auch Geltung hat, ohne daß es einer besonderen Anordnung bedarf. Ein solcher selbstverständlicher Satz ist die häufig am Schlusse von Gesetzen vorkommende Erklärung:

„Alle entgegenstehenden Bestimmungen sind aufgehoben.“ [1])

---

[1]) Z. B. §. 166 des Vereinszollgesetzes, vom 1. Juli 1869 (B.G.Bl. S. 364), §. 26 des Gesetzes über die Erwerbung und den Verlust der Bundes- und Staatsangehörigkeit, vom 1. Juni 1870 (B.G.Bl. S. 360).

Der Gesetzgeber hebt, soweit er Abweichungen von dem bisherigen Rechte feststellt, dieses schon gemäß dem Grundsatze: „lex posterior derogat priori“[1]) bez. Art. 2 der R.-V., wonach Reichsgesetze den Landesgesetzen vorgehen, auf; seine ausdrückliche, dahin zielende Erklärung schafft weder neues Recht, noch stattet sie bestehendes mit einer weiteren Verbindlichkeit aus.

---

[1]) Treffend bemerkt Eisele (Unverbindlicher Gesetzesinhalt, Prorectorats-Programm der Universität Freiburg, 1885, S. 12), daß der Satz „lex posterior derogat priori“ kein Rechtssatz, sondern eine Rechtswahrheit ist.

VI.

Schluß.

Die deutsche juristische Literatur der letzten Jahrzehnte verfolgt in einem höheren Maße als früher eine praktische Richtung. Zunächst hat die Literatur der Rechtspflege in einem ganz ungewöhnlichen Maße zugenommen; diese Thatsache erscheint wenig auffällig, wenn man bedenkt, ein wie großes Gesetzesmaterial gerade die letzten Jahre in Deutschland hervorgebracht haben. Nicht minder haben die neuen staatlichen Verhältnisse in Deutschland einen nicht zu verkennenden und äußerst wohlthätigen Einfluß auf die Theorie und die dogmatischen Bearbeitungen des Staatsrechts geübt. Die auf dem Gebiete des öffentlichen Rechts entstandenen Institutionen verlangen eine praktischere Behandlung von Seiten der Wissenschaft als das unfruchtbare, nebelhafte Gebilde des Deutschen Bundes. Die Verfassungen des Norddeutschen und des Deutschen Reiches enthalten nur die Grundzüge des neuerrichteten Baues. Der Wissenschaft lag es ob, im engen Bunde mit der Praxis ihr Können an den neuen Gestaltungen zu erproben, zu zeigen, was sie im staatlichen Leben zu leisten vermöchte.

So lagen die Verhältnisse als Laband mit seinem Werke über das Reichsstaatsrecht auftrat und zum ersten Male ein vollständiges System nach rein juridischen Grundsätzen aufstellte. Diese Reform, die in ihrer vollständigen Durchführung ein Markstein ist und bleiben wird in der Geschichte der Staatswissenschaften, entstand nicht aus dem zufälligen Gedanken eines Einzelnen, sondern in ihre Richtung drängten die geschichtlichen Verhältnisse. Es war eine Entdeckung, welche fällig geworden war.

Auch an das Resultat einer dogmatischen Untersuchung darf man den Maßstab praktischer Brauchbarkeit und praktischen Nutzens legen. Zwar soll damit nicht gesagt sein, daß Jemand sich unterfangen dürfe, über ausschließlich dogmatische Betrachtungen den Stab zu brechen. Ein hohes Ziel der Wissenschaft bleiben rein theoretische Resultate immer, wenn sie auch in dem täglichen Leben des Staates und der Einzelnen eine unmittelbare Anwendung nicht finden können. Keine Wissenschaft darf die Arbeit unterlassen, welche zum Erkennen führt, wenn auch ihre einzige Frucht das Erkennen wäre. Andererseits aber kann nicht geleugnet werden, daß der Werth einer Theorie dadurch erhöht wird, daß sie auf die Entwickelung der Lebensverhältnisse einen gestaltenden Einfluß übt.

Aus der Lehre, welche zwischen materiellem und formellem Gesetz unterscheidet, ergeben sich zunächst wichtige Consequenzen, wenn man dieselbe auf die Verfassungs-Urkunden da anwendet, wo sie von „Gesetzgebung" oder von „Gesetz" reden.

Art. 2 der R.-V. bestimmt, daß Reichsgesetze den Landesgesetzen vorgehen sollen. Handelt es sich hier um den formellen oder um den materiellen Begriff? Sicherlich um beide.

Es kann auch vom Standpunkt der Gegner nicht dem geringsten Zweifel unterliegen, daß jeder Act der formellen Reichsgesetzgebung, welcher Art sein Inhalt auch sein möge, vor allen Anordnungen der Einzelstaaten Berücksichtigung finden muß; daher ist das Wort Reichsgesetz in Art. 2 zunächst im formellen Sinne zu verstehen. Daneben kommt hier aber derselben Bezeichnung auch die materielle Bedeutung zu; denn auch Rechtsverordnungen des Reichs müssen nicht nur den Rechtsverordnungen der Einzelstaaten, sondern auch den formellen Gesetzen derselben vorgehen. Dies geht schon daraus hervor, daß die anordnende Reichsbehörde ihre Macht von einem Reichsgesetze, welches die Delegation ertheilt hat, herleitet und daß diesem eben eine höhere Autorität als den Willenserklärungen der Einzelstaaten innewohnt [1]).

Steht aber einmal fest, in welcher Weise Art. 2 der R.-V. in einer seiner Vorschriften das Wort Gesetz auffaßt, so ist es, wie Laband zutreffend hervorhebt, nach den Regeln der Auslegekunst geboten [2]), in den folgenden Sätzen desselben Artikels dem nämlichen Wort die gleiche Interpretation zu Theil werden zu lassen.

Der zunächst folgende Satz des Art. 2 lautet:

---

[1]) Laband, St.R. d. D. R. II, S. 83. macht in Betreff der Verordnungen, welche die Einzelstaaten auf Grund einer Reichsdelegation erlassen, folgende richtige Bemerkungen: „Die Kraft dieser Verordnungen wurzelt in dem Reichsgesetz; sie sind, obgleich von dem Einzelstaat erlassen, ein Bestandtheil der Reichsgesetzgebung im materiellen Sinne des Wortes und deßhalb gehen sie den Landesgesetzen und folglich auch den Verfassungsgesetzen der Einzelstaaten vor.

[2]) Insofern im Einzelfalle nicht wichtige Gründe entgegenstehen. Vgl. Laband a. a. O. S. 91 f.

„Die Reichsgesetze erhalten ihre verbindliche Kraft durch ihre Verkündigung von Reichswegen, welche vermittelst eines Reichs-Gesetzblattes geschieht.“

Es bedürfen demnach nicht nur die formellen Gesetze, sondern überhaupt alle Rechtssätze, wenn sie auch im Verordnungswege erlassen sind, der Verkündigung durch das Reichs-Gesetzblatt.

In der Praxis wird dieser Vorschrift vielfach zuwidergehandelt, indem Rechtsverordnungen häufig nur im Centralblatte für das Deutsche Reich [1]) veröffentlicht werden. Ein solcher Abdruck kann die Kenntniß der Verordnung zwar in weite Kreise tragen, er ist aber staatsrechtlich ebenso bedeutungslos, wie die Wiedergabe in irgend einer andern Zeitschrift [2]). Aus dem Umstande, daß die Rechtssätze ihre Wirkung auf die Unterthanen erstrecken, folgt, daß sie diesen in authentischer Weise bekannt gegeben werden müssen [3]). Die Beobachtung

---

[1]) Laband a. a. O. S. 91, 235; übereinstimmend in vortrefflichen Ausführungen Hänel, Studien zum Deutschen Staatsrechte II, S. 91 ff. Daselbst S. 92 N. 1; sind Beispiele von Rechtsverordnungen angeführt, welche nur im R.C.Bl. veröffentlicht worden sind. G. Meyer, St.R. 2. Aufl. S. 495. — a. A.: Arndt, Das Verordnungsrecht, S. 208 N. 3, S. 209 N. 1 Zorn in Hirth's Annalen, 1885, S. 309 f. — Bei Verwaltungsverordnungen ist eine Publication nicht erforderlich, vgl. Laband a. a. O. S. 224, 234 f.; G. Meyer, St.R. 2. Aufl. S. 495.

[2]) Nach der Bekanntmachung des Reichskanzler-Amtes vom 22. Decbr. 1872 (Reichsanzeiger, 1873, Nr. 5, S. 1) ist das Centralblatt eine „Zeitschrift, ... welche zur Aufnahme solcher für das Publicum bestimmter Veröffentlichungen der Organe des Reiches dienen soll, die der Verkündung durch das Reichs-Gesetzblatt nach Art. 2 der Reichs-Verfassung und nach der Verordnung vom 26. Juli 1867 nicht bedürfen“.

[3]) Laband a. a. O. S. 23, 90 f.; derselbe in Marquardsen's Handbuch II, 1, S. 90. — Es ist kein Erforderniß, daß der ganze Wortlaut der mit Rechtskraft ausgestatteten Normen im Reichs-Gesetzblatte verkündet werde, es genügt vielmehr, wenn daselbst auf jene Normen in

dieses Grundsatzes ist um so nothwendiger, als ja Unkenntniß des Gesetzes nicht vor dem Eintritt etwa angedrohter rechtlicher Nachtheile schützt. Der Staat muß daher dem Gesetzesunterthan vor allen Dingen sagen, an welcher Stelle er sich über seine ihm obliegenden Pflichten und seine ihm zustehenden Rechte informiren kann.

Jedoch auch eine derartige Belehrung genügt in den Fällen noch nicht, in welchen an die Uebertretung eines Befehls eine Strafe geknüpft ist; der Staat will alsdann demjenigen, den es angeht, durchaus nicht überlassen, sich electiv für Befolgung oder Strafe zu entscheiden, sondern er verlangt vor Allem, daß der Betreffende gehorche. Der Staat kann es also auch nicht dem Gutdünken des Einzelnen anheimgeben, ob dieser sich von den ihn berührenden Geboten oder Verboten Kenntniß verschaffen will, oder nicht, sondern er macht es ihm zur Pflicht, sich von der Existenz etwa ergangener Befehle zu überzeugen; er muß ihm daher auch aus diesem Grunde den Ort angeben, wo jene Befehle aufzufinden sind.

Es kann nun weder eine Rechtspflicht construirt werden, sich von dem Inhalte des Reichs-Centralblattes Kenntniß zu verschaffen, noch genügen die darin gemachten Mittheilungen dem Erforderniſſe der Authenticität. Da aber Art. 2 der R.-V. unter Gesetzen auch alle Rechtsvorschriften versteht, und für diese die Publication in einem besonderen Gesetzblatte angeordnet hat, so sind alle Rechtsverordnungen, soweit sie nur anderweitig, also z. B. im Reichs-Centralblatte veröffentlicht sind, hinfällig und unverbindlich.

---

authentischer Form Bezug genommen wird, und sie alsdann mit Sicherheit sich finden lassen. Vgl. Laband in Marquardsen's Handbuch II, 1, S. 78 N. 2.

Ferner setzt Art. 2 fest:

„Sofern nicht in dem publicirten Gesetze ein anderer Anfangstermin seiner verbindlichen Kraft bestimmt ist, beginnt die letztere mit dem vierzehnten Tage nach dem Ablauf desjenigen Tages, an welchem das betreffende Stück des Reichs-Gesetzblattes in Berlin ausgegeben worden ist."

Auch hier ist, wenn man consequent bleiben will, das Wort Gesetz in seiner zweifachen Bedeutung zu verstehen: nicht nur alle im ordentlichen Wege der Legislative ergangenen Erklärungen, also auch die rein formellen Gesetze[1]), sondern auch die durch Verordnung erlassenen Rechtsnormen[2]) treten nach Maßgabe der oben citirten Verfassungsbestimmung in Kraft.

Von besonderer Wichtigkeit ist die Theorie, welche eine zweifache Bedeutung von Gesetz unterscheidet, insofern, als sie, worauf namentlich G. Meyer hingewiesen hat, einen Maßstab an die Hand giebt, um die Befugnisse der einzelnen Staatsorgane zu beurtheilen und zu regeln[3]). Während in

[1]) Laband, St.R. d. D. R. II, S. 105 f. ist der Ansicht, daß die Vorschrift des Art. 2 der R.-V. über den Anfang der verbindlichen Kraft auf rein formelle Gesetze nicht anwendbar sei. Es ist dies die Consequenz seiner Auffassung (vgl. a. a. O. S. 91), daß das Wort Gesetz im Art. 2. ausschließlich im materiellen Sinne aufzufassen sei. Daß diese Interpretation aber eine zu enge ist, ergiebt sich daraus, daß doch offenbar, wie oben ausgeführt worden ist, auch rein formelle Gesetze des Reichs vor denen der Einzelstaaten den Vorrang haben.

[2]) Laband a. a. O. S. 104 f.

[3]) G. Meyer in Grünhut's Zeitschrift Bd. VIII, S. 25 f. S. auch Fricker in d. Zeitschrift f. d. ges. St.W. Bd. XVII, S. 639, 641, 646 und namentlich 668, 674. Diese praktische Bedeutung der Theorie wird auch von Seidler, Budget und Budgetrecht, S. 210 f., anerkannt. Es wird übrigens auf die oben Cap. IV, S. 113 ff. befindlichen Ausführungen hiermit Bezug genommen.

die Form des Gesetzes jede staatliche Willenserklärung aufgenommen werden kann, ist die Form der Verordnung nicht stets für alle staatlichen Beschlüsse ausreichend. Von hervorragender Bedeutung ist hier die bereits vorgetragene Eintheilung der abstracten Normen in Rechtssätze und in materielle Verordnungen, welch letztere nur abstracte Verwaltungsbefehle enthalten. Ob eine Regel der einen oder anderen Kategorie angehört, kann nicht aus dem Wortlaute an sich, sondern nur aus dessen Willensgehalte und Tragweite entschieden werden. Ist diese Feststellung getroffen, so ergiebt sich aus ihr, ob die Form der Verordnung für den Erlaß genügt, oder ob der Weg der Gesetzgebung beschritten werden muß — insoweit nicht durch das positive Recht eine Ausnahme gestattet, vorgeschrieben oder bedingt ist. Ein Rechtssatz kann durch formelle Verordnung gesetzt werden, wenn der Regierung hierzu die Befugniß durch Delegation ertheilt ist; eine materielle Verordnung bedarf der Feststellung durch die legislativen Organe, wenn der Regierung die Befugniß zum Erlaß der Verwaltungsvorschrift durch einen gesetzlichen Befehl entzogen worden ist, oder wenn die letztere sich im Widerspruche mit einem Gesetze befindet.

Ebenso wie bei den allgemeinen behördlichen Anweisungen, verhält es sich auch mit jedem andern materiellen Verwaltungsact; derselbe kann von der Regierung nur innerhalb des von den Gesetzen freigelassenen Spielraums angeordnet werden; läuft er bestehenden Gesetzen zuwider, oder ist sonst für ihn die Form der Verordnung durch Gesetze ausgeschlossen, so ist für seine Vornahme der Weg der Gesetzgebung zu beschreiten.

Die Rechtsgültigkeit von Bestimmungen, welche im Verordnungswege erlassen worden sind, ist vielfach controvers geworden.

Als Beispiel sei hier nur die Schiffvermessungs-Ordnung vom 5. Juli 1872 [1]) angeführt, welche, wie es in ihrem Eingange heißt, vom Bundesrath auf Grund des Art. 54 der R.-V. erlassen ist. Dieselbe enthält eine Reihe von Rechtssätzen, welche die Erbauer, Rheder und Führer von Schiffen verpflichten, bestimmten Anforderungen der Vermessungsbehörden nachzukommen; ja es wird darin nicht nur eine Gebührentaxe für die Vermessung und die Ausfertigung der Meßbriefe, sondern auch insofern eine Strafe festgesetzt, als die Erbauer, Rheder oder Führer eines Schiffs, falls sie den ihnen auferlegten Verpflichtungen nicht nachkommen, das Doppelte der bestimmten Gebühren entrichten sollen.

Die fr. Vermessungs-Ordnung hat den Charakter der formellen Verordnung, und die Gültigkeit der darin enthaltenen Rechtsnormen hängt also nothwendiger Weise davon ab, ob dem Bundesrath das Recht zum Erlaß derselben im Wege der Delegation ertheilt worden ist. Eine derartige Zuständigkeit des Bundesraths ist verfassungsmäßig nicht begründet. Art. 54 der R.-V. vindicirt dem Reich die Competenz zur Anordnung diesbezüglicher Vorschriften [2]); damit ist offenbar der Weg der Reichs-Gesetzgebung bezeichnet. Die in Betracht

---

1) R.G.Bl. 1872, S. 270.

2) Laband, St.R. d. D. R. II, S. 90, 450f.; v. Rönne, Preuß. St.R. 4. Aufl. IV, S. 531 N. 3. — G. Meyer, Lehrb. des D. Verw. R. I, S. 523 N. 1 hält die in der Vermessungs-Ordnung enthaltenen Rechtssätze für ungültig, er legt dagegen der V.-O. insoweit Gültigkeit bei als sie Vorschriften für die Vermessungsbehörden enthält.

Dieser Standpunkt ist der richtige. Zu weit gehen Hänel, Studien II, S. 84f. und Hensel in Hirth's Annalen, 1882, S. 36 N. 3, welche die Verm.-O. in ihrer Gesammtheit für ungültig halten. Vgl. ferner Hiersemenzel, Die Verfassung des Norddeutschen Bundes, S. 146, 148f. Bemerkung 1. — a. A.: Arndt, Verordnungsrecht, S. 140f.

kommende Stelle ist Absatz 2 des Art. 54 der R.-V., dahin lautend:

> „Das Reich hat das Verfahren zur Ermittelung der Ladungsfähigkeit der Seeschiffe zu bestimmen, die Ausstellung der Meßbriefe, sowie der Schiffscertificate zu regeln und die Bedingungen festzustellen, von welchen die Erlaubniß zur Führung eines Seeschiffes abhängig ist.“

Diese Normen stammen aus der Verfassung des Norddeutschen Bundes; in der Reichs-Verfassung ist das Wort „Bund“ durch das Wort „Reich“ ersetzt worden; in dem von Preußen vorgelegten Entwurfe zur Verfassung des Norddeutschen Bundes hieß es „die Bundesbehörden“, und an Stelle dieser letzten Worte wurde auf Antrag der verbündeten Regierungen „der Bund“ gesetzt.

Aus dieser Substitution ergiebt sich [1]) unzweifelhaft, daß in Art. 54 Abs. 2 keine Delegation ertheilt werden sollte, für welche übrigens auch eine bestimmte Bezeichnung des competenten Organs unerläßlich gewesen wäre [2]).

---

[1]) Hiersemenzel a. a. O.; Stenogr. Ber. des verfassungberathenden Reichstages, Bd. II, Anlagen, S. 21. — Seydel, Commentar zur R.-V. S. 208, behauptet, das Wort „Reich“ (oder „Bund“) beweise nichts; es finde sich auch in Art. 45 der R.-V., wo von Gesetzgebung nicht die Rede sei. Art. 45 bestimmt: „Dem Reiche steht die Controle über das Tarifwesen zu ....“ Die natürliche Erklärung ist wohl die: überall wo in der Reichs-Verfassung dem Reiche ein Recht zuerkannt wird, heißt dies: daß die für die betreffende Function nach der Verfassung competenten Organe gemeint sind. Für die Controle, die Bethätigung des Oberaufsichtsrechts, sind daher, soweit nichts Anderes festgesetzt ist, die Reichsbehörden zuständig, für legislatorische Acte dagegen die gesetzgebenden Organe.

[2]) Laband, St.R. d. D. R. II, S. 78 N. 1: „Es versteht sich von selbst, daß eine Delegation des Verordnungsrechts wirksam nur er-

Wenn eine in einer Verordnung enthaltene Rechtsregel mangels Delegation oder ordnnngsgemäßer Publication ungültig ist, so kann der betreffende Wortlaut noch immer in anderer Weise eine Wirksamkeit äußern. Soweit er nämlich einen Befehl an die Behörden und Beamten enthält, wird er unter Umständen als Verwaltungsvorschrift in Betracht kommen und jene zur Befolgung nöthigen [1]).

Hier setzt auch die Frage des richterlichen Prüfungsrechtes ein; die materielle Gültigkeit von Verordnungen kann Gegenstand richterlicher Entscheidung werden. Hierbei ist es natürlich Sache des concreten Staatsrechts, ob und inwieweit den Gerichten ein Recht zu derartiger Prüfung zusteht [2]). Nach dem Rechte des Deutschen Reichs hat der Richter die materiellen Voraussetzungen für die Gültigkeit der Reichsverordnungen zu prüfen [3]).

Auch für das gerichtliche Verfahren hat der Charakter einer Norm eine hervorragende Bedeutung; nach dem geltenden Proceßrecht darf die Revision nur darauf gestützt werden, daß die angefochtene Entscheidung auf der Verletzung eines Gesetzes beruhe; das Gesetz aber „ist verletzt, wenn eine Rechtsnorm nicht oder nicht richtig angewendet worden ist" [4]). Sind alle übrigen Erfordernisse für die Zuläſsigkeit der Revision vorhanden [5]), so ist es demnach gleichgültig, ob

---

folgen kann unter Angabe desjenigen Organes, welches die Verordnung erlassen soll."

[1]) s. oben S. 113, 122 und das kammergerichtl. Erkenntniß S. 123 ff.

[2]) Vgl. die Uebersicht über die Controversen und die Literatur: G. Meyer, Lehrbuch d. D. St.R. 1. Aufl. §. 173, S. 440 ff. u. Anm. 3 u. 4, 2. Aufl. §. 173, S. 507 ff. und Anm. 3 und 4, ferner: E. Meier in v. Holtzendorff's Rechtslexicon III, 1, Art. Prüfungsrecht, S. 225 ff.

[3]) Laband, St.R. d. D. R. II, S. 87 ff.

[4]) C.P.O. §. 512; St.P.O. §. 376 Abs. 2.

[5]) Vgl. C.P.O. §§. 507 ff.; St.P.O. §§. 374 ff.

die Rechtsnorm, deren Verletzung gerügt wird, in einem formellen Gesetze, oder einer formellen Verordnung sich befindet, oder ob sie dem Gewohnheitsrechte angehört[1]). Andererseits ist die Verletzung von materiellen Verordnungen der Nachprüfung des Revisionsrichters entzogen.

Aus dem Umstande, daß die in Rede stehenden Proceßbestimmungen das Gesetz ausschließlich im materiellen Sinne auffassen, folgt, daß die Verletzung einer Verwaltungsvorschrift in der Revisionsinstanz auch dann nicht geltend gemacht werden kann, wenn jene Norm selbst in einem formellen Gesetze enthalten sein sollte[2]).

---

[1]) S. oben S. 24 und Anm. 1.

[2]) Die fraglichen Vorschriften, betreffend die Revision, fassen „Gesetz" ausschließlich im materiellen Sinne (gleich Rechtsnorm) auf; dies ergiebt sich: 1. daraus, daß es auf den Ursprung der Rechtsnorm nicht ankommt, und Normen des Gewohnheitsrechts sowie Rechtsverordnungen „Gesetze" sind (s. oben die Ausführungen und Erkenntnisse S. 24f.); 2. aus dem Umstande, daß die Bestimmungen der Proceßordnungen mit dem Wörtchen „soll" zwar formelle Gesetze, jedoch der Revision entzogen sind (s. oben S. 40f.); 3. endlich aus dem mitgetheilten Erkenntnisse (s. N. 3 S. 123), nach welchem die Verletzung von Verwaltungsverordnungen nicht Anlaß zur Revision geben kann. Es kommt daher hinsichtlich des genannten Rechtsmittels lediglich auf den Inhalt und nicht auf die Form an; und aus diesem Grunde vermag die Verletzung einer materiellen Verordnung auch dann nicht die Revision zu begründen, wenn dieselbe auch in einem formellen Gesetze Aufnahme gefunden hat. Vgl. die oben S. 105 angeführten Beispiele.

Druck von Leonhard Simion, Berlin SW